個人管理的邏輯

馮小平 著

謹以此書
獻給所有有勇氣成為自己的人

財經錢線

推薦序

在今年年中接到馮君的邀約為此書做序時，我內心感到誠惶誠恐，總認為幫一本書作序是一件非常嚴肅的事情，加上許久生疏於中文的文章寫作，曾一度想打退堂鼓。后被馮君多次邀請的誠意所打動，且自己內心一直有一份對年輕研究者的關愛與寄望，也期待作者能在管理學的領域繼續研究與發展，特作此序，以茲鼓勵。

改革開放以來，中國的管理學科從幾乎為零到大量引進西方的管理學思想。在這三十年的經濟發展中，管理思想的發展幾乎是西方現代管理學近百年來的縮影。在借鑑西方管理哲學思想的同時，近些年開始有學者針對中國傳統管理哲學思想進行研究和總結，並運用西方的科學研究方法、範式與西方學者對話，慢慢凸顯出中國古人管理智慧的重要性。管理學是一門實踐性很強的學科，管理學理論直接來源於管理的實踐活動，並且直接為管理實踐活動提供指導，只有能夠用於指導實踐的管理學才有生命力；管理學也是一門不斷發展的學科，它與社會經濟緊密相關，必將隨著經濟的發展和科技的進步而不斷發展。

自我管理作為一種管理方式已經運用到現代管理中，許多管理學大師對自我管理做過闡述，彼得·德魯克的著作《21世紀的管理挑戰》提出了自我管理的步驟，史蒂芬·柯維的著作《高效能人士的七個習慣》討論了自我管理的7個習慣。而本書的作者馮君提到將自我管理系統化運用到個人管理是他寫作《個人管理的邏輯》的動機，他希望能夠全面地闡述個人管理，系統化地從管理職能的角度出發來分

析應該如何進行自我管理。

　　人總是對自己無法做到或是想做卻還沒做到的事情產生敬佩之心，至少我是如此。對馮君能夠以初生牛犢不怕虎的勇氣來創作管理學的書籍，我感到敬畏，也特別為他以興趣當做老師的堅持感到驕傲。我們這個時代需要有思想的人，需要有勇氣去領受前所未有經歷的年輕人。

陳志杰

　　（陳志杰，男 ，1972年10月生於臺灣省屏東縣,管理學博士，副教授，博士生導師，西南財經大學西部商學院副院長）

前　言

迴歸管理原點：思考個人管理理論的發展

　　進化是推動事物持續不斷進步的主要動力，無論是自然科學還是社會科學。自然管理學科亦是如此，從「原始粗放的管理」時代到「科學管理」時代再到「社會人時代」直到現代「自我管理」時代，在不斷進化。現代管理學之父彼得・德魯克和管理思想家史蒂芬・柯維經過大量的研究已經證實了管理接下來將進入「自我管理」的時代。當彼得・德魯克提出自我管理的概念時指出，這種管理方式將會在「知識型經濟」社會的到來而得到普及。今天在中國，知識已經成為了推動社會快速發展的核心要素，知識也已然成為了社會分工的標準。在這樣的背景下個人應當如何進行自我管理，成為了這個時代需要研究者解答的問題。

　　東方管理擅長管理理念和管理精神的探究，而西方管理擅長管理方法和管理技術的探究。在管理學科相互滲透融合的今天，我們更喜歡將前者稱為「管理哲學」，將后者稱為「管理科學」。在中國，人們特別喜歡將二者分開來講，但這二者從管理進入實踐那天開始，已經相互存在。現代的管理極容易陷入的一個誤區，就是人為地區分管理哲學和管理科學。

　　當我們迴歸哲學的本質看管理的時候，你會發現中國管理並非管理哲學的完全體現，而更多集中於管理認知，我們善於去認識管理的形態和精神，在方法論中隨處可見管理思想的流露。我們的管理邏輯是從「思想到方法」的一個過程。在西方管理體系中，管理者與研究

者更多地強調數量與計算，通過一系列公式、圖形的表達來反應一種精神，他們的管理邏輯是從「方法到思想」的一個過程。

通過深入思考和探究，我發現真正要將東西方管理精髓融合，需要迴歸到所有學科最原始的狀態——哲學。哲學被譽為「萬學之學」，哲學是所有學科體內的公共基因。在管理體系中，我們亦可迴歸到真正的哲學層面運用哲學思維思考我們需要回答的三個基本問題：「是什麼？」「為什麼？」「怎麼辦？」關於個人管理，我們需要解決「什麼是個人管理？」「我們為什麼需要個人管理？」「我們應該如何進行自我管理？」這三個基本問題，這成為了我們理解和學習個人管理的基礎。本書的寫作就是圍繞著個人管理的這三個基本問題所展開的。首先通過對管理思想史的研究，科學論證了管理的發展趨勢，在這樣的背景下開始進行對個人管理「術」的探索。

通過本書，你將會知道什麼是正確的個人管理，以及如何理性地看待自我管理。當我們在生活中和工作中開始意識到我們是具有「管理職能」的個人時，那麼我們的生活將開始發生美好的改變。雖然現代世界管理大師彼得‧德魯克、歐洲管理大師弗雷德蒙德‧馬利克在其經典著作中均提到了管理的普遍性，以及管理對於個人的意義，但是仍然沒有人系統而獨立地研究過個人如何進行管理。

事實上我們每個人都可以成為具有管理素養的個人，但是在現實生活中對管理充滿無限熱情的卻僅僅局限於組織的管理者和研究者。「成為組織的領導者、管理者」是我們大量閱讀和學習管理的直接原因。這樣功利的需求，使人們往往迫切地去尋求方法，而對於管理哲學、管理精神缺乏深入的思考。

「人人都是管理者」這樣的理念看起來可笑，甚至會被認為十分荒謬。當我們靜下心來，思考管理的本質時，這樣的理念才有可能被接受。「有限的資源」是管理存在的基本意義，當我們集中精力去思考組織的資源分配問題時，是否想過個人資源的分配問題呢？我們是否對個人所擁有的資源進行過深入分析和挖掘呢？曾幾何時，時間管

理風靡全國。當我們迴歸理性，對自身資源的認識就會更加清晰和全面。只有當我們更多地認識和挖掘自身資源的時候，我們才能夠更好地進行自我管理。

本書在寫作上主要以「系統思維」和「管理職能論」為鋪墊，從一種管理哲學到管理內容，從現代的組織管理職能昇華到個人管理職能的層面，主要強調在個人管理方面，我們需要從自我領導、自我溝通、自我控製、自我激勵四個角度全面認識自我管理，並且在各章節中展開了「道」與「術」的討論。「道源太極，術無定式」，正如Dropbox的創始人德魯·休斯頓所言，「看管理類書籍不會使你成為優秀經理，但能推動思考最重要理念」。筆者的寫作更多地傾向於拋磚引玉，以啓發讀者對於個人管理的思考，希望讀者在橫向上能夠多角度、全面系統地思考現實問題，在縱向上能夠以歷史的觀點、發展的觀點看待個人的成長。

在此，我想感謝每一個為本書出版作出過貢獻的人：

·我的家人和女友，他們在我的成長過程中給予了我很多付出和關愛。特別是我的女友投入了許多精力和時間審讀我的稿件，對於書中存在異議的地方我們總是在討論中不斷修改。

·楊業洲博士，我的表叔，一位醫術精湛的醫學博士。他在本書出版的過程中給予了我極大的信任和幫助。

·陳志杰博士，西南財經大學西部商學院副院長、博士生導師，畢業於英國卡地夫大學（Cardiff University）。他是一位人力資源管理專家，在人力資源研究領域具有較高學術地位，十分感謝陳教授為拙作作序推薦。

·劉正山博士，國內知名經濟學家，態度平易近人，治學嚴謹，我在他的身上學到了很多東西。他為本書的出版提供了許多幫助。

·徐灝先生，作為一名在互聯網領域有所成就的創業者，他的身上所表現的創新與創業精神，讓我感受到人生最有意義的事是不斷探索和幫助別人。

·胡捷博士，畢業於美國西北大學，金融學博士，現為長江商學院教授。感謝胡教授對本書出版的關注。

同時，我還要感謝對我影響深遠的兩位老師———何磊老師、張進生老師。管理學家弗雷德蒙德·馬利克曾說過，學習管理有三種途徑，其中一條是我們小時候就有過初步管理經驗。正是這兩位老師提供的機會，使我在年少時便擁有了管理的經驗以及對管理的思考，同時感謝兩位老師在我少年時期給予我的愛護。

馮小平

目錄 contents

1 人人都是管理者

疑惑與選擇	002
你至少領導著你自己	009
認識比選擇更重要	012
從思考走向「研究」	015
何謂管理	019
走向自我管理	022
嘗試系統思維	031
遠離瘋狂，杜絕迷戀	037

2 學會自我領導

領導從此告別「高大上」	040
領導自己	044
意識與行為的辯論	047
自我領導所必備的四種思維	054
我們為什麼需要選擇	061
尋找「黑天鵝」	067

成為一個有魅力的人　　　　　　　　　　069

3　重視自己

溝通是這樣的　　　　　　　　　　　　074
被曲解的泰勒　　　　　　　　　　　　076
溝通有何不同　　　　　　　　　　　　078
「難」與「不難」　　　　　　　　　　082
靈魂真的能夠出竅嗎？　　　　　　　　088
重要的不是方法　　　　　　　　　　　097
成為一個擁有幸福感的人　　　　　　　101

4　控製的「點」與「面」

控製的本質　　　　　　　　　　　　　106
控製的關鍵點　　　　　　　　　　　　109
控製的維度　　　　　　　　　　　　　114
成為一個擁有健康的人　　　　　　　　135

5 成為那個可能的自己

自我激勵的邏輯	141
激勵最基本的問題	143
需求分析	146
個人期望的實踐	150
目標激勵	152
切記：別輕易自我暗示	155
做你自己	157
自我激勵力的產生	160
成為一個擁有夢想的人	164

| 結束語 | 167 |

本書從自我領導、自我溝通、自我控製、自我激勵等方面系統地理性地論述個人管理，並從古今中外歷史與多位學者思想的角度來進行闡述，感受到筆者博覽群書與紮實深厚的理論功底，此書除了可以讓讀者對於管理本質有所認識，更能夠進一步啓發讀者對於個人管理的思考，實為此領域的一本佳作。

——西南財經大學西部商學院副院長、博導陳志杰

　　作為一門應用科學，管理學關注的核心是人。傳統的管理將人視為工具，忽略了人的主觀能動性。因此，難以解釋在同樣的管理制度下各個人之間工作效率的差異，難以解釋為何有些人偷懶而有些人勤快。《個人管理的邏輯》從管理的本質出發探討個人管理很有意義。

——經濟學家劉正山

　　每一個人都天生具有管理的能力，無論是管理他人還是管理自己。不然我們不可能在這個世界上容得一席之位。「你至少領導著你自己」，這句話恰如其分地突出了「管理天成」所表達的意思。希望作者的作品能讓更多的同學認識到個人管理在企業管理中的重要性，同時提高自己在企業中的執行力和戰鬥力。

——Camera360 創始人兼 CEO 徐灝

1

人人都是管理者

疑惑與選擇

「迷茫」是最能夠代表我們這個時代人們心理的一個詞彙，同時迷茫也是一種人生狀態。在任何時代人們都感受過這個詞彙的真正內涵，因此迷茫不屬於「80 后」也不屬於「90 后」，而是個人成長的一個特定階段。雖說誰的青春不迷茫，但迷茫也不一定發生在青春期。《論語》中孔子說：「吾十有五而志於學，三十而立，四十而不惑，五十而知天命，六十而耳順，七十而從心所欲，不逾矩。」雖然今天這句話告訴我們的含義已經超越了它的本身，但在 2500 多年前，孔子那個時代的人們也跟我們今天的人們一樣會感到困惑和迷茫。這種感覺超越了時間和空間，猶如人類的共同屬性一般，每代人都試圖去破解這樣的迷局，但我們總是感到乏力。

每個時代都有每個時代的特徵，21 世紀的經濟、科技快速發展，卻是人類在歷史長河中最為迷茫的一個時期。當我們仔細反思自己所遇到的迷茫與困惑時，最終依然需要我們回到迷茫的終極層面，這就是因理想與現實之間的矛盾所導致的迷茫。在我看來，迷茫是一件對於我們特別有意義的現象，因為迷茫使我們開始沉下心來去思考人生。當我們感到迷茫的時候，我們在生活中隨時感到疑惑。人類天生具有對未知世界的好奇心和探索力，在 20 世紀，我們為如何生存疑惑；在 21 世紀，

我們為如何活得更有意義而感到疑惑，或許這就是時間的魅力。疑惑是什麼？疑惑是一種感覺，而這種感覺屬於自知。

　　為什麼我們會感到自己活得疲憊甚至痛苦，有人說那是因為你追求了錯誤的東西。事實上，我們這個時代的人們所面臨的機會與選擇太多太多，眾多的選擇使我們不知何去何從。同時，隨著大學教育的普及，人們的知識水平得到了提高，有能力支撐我們對於未知領域的探索，但是探索需要勇氣和放棄，我們依然會在這些事物面前變得迷茫。有人說我們這個時代是一個信任感極其缺乏的時代，在我看來，這個時代喚醒了我們對信任感的需求，讓我們去瞭解什麼是信任感，使我們開始對人性有了進一步的思考。改革開放之後，我們瘋狂地追求財富，缺失了對於人文環境的建設，直到今天這種趨勢依然存在，唯利是圖讓我們忽視了一切，整個人變得瘋狂，這個時候的人感受不到什麼是迷茫。如果，此時的你感覺迷茫，你應該感到慶幸，因為你用了更加開闊的視野去思考和探索自己所要追求的東西，或者說沒有迷茫的人生是不完整的。

　　迷茫是因為選擇。選擇是一種行為，選擇直接產生結果。迷茫是我們思辨的過程，即通過自我意識的覺醒和對環境要素的綜合考量，最終獲得最佳選擇方案的過程。我們無法細化思辨的詳細過程，我們唯一看到的是選擇的結果。互聯網進入中國后，特別是移動互聯網的興起使我們在這樣的過程中受到的影響因素不斷增多，外部環境為我們的選擇造成了眾多干擾。

　　以微博為例，自2008年之後，微博作為新興的即時傳播工具深受廣大用戶喜愛，大家也積極地參與到這樣的一個「互聯」空間，我們能夠快速關注社會熱點問題，關注自己喜歡關注的人和事。據中國新媒體發展報告（2013）中數據顯示，騰訊微博用戶數量達到2.2453億，新浪微博用戶數量達到2.332億，搜狐和網易的微博用戶分別為6956萬和3263萬，排除四大門戶的微博重合用戶數，中國微博用戶總量至少也是2億~3億。時至今日，中國微博用戶數量已經大大接近中國網

絡用戶數，也正是由於互聯網進入我們的生活，我們對外界有了更多、更直接的瞭解。無疑這是一個信息大爆炸的時代，我們在各種數據與信息面前，有時會顯得疑惑、不知所措，當網絡中出現各種不同的聲音時，我會問自己：我該相信誰？這個事情到底是怎麼樣的？網絡常常影響著我們的判斷，這使我們變得痛苦與迷茫。

現實就是這樣，我們過多地關注他人的世界，他人的言論常會影響自己的判斷，卻忽視了自己內心的看法，導致我們時常會質疑自己，陷入「我該相信誰」這樣的困局。現實中的我們處於一定的組織和環境中，這個組織可能是學校、企業或者政府，我們總是太關注管理的外部環境，而忽視自我管理。在生活中，你也會陷入這樣的困惑：「為什麼我不是優秀的學生？」「為什麼我不是優秀的員工？我嚴格地執行學校或者企業的標準，沒有犯過任何錯誤。」到底是什麼導致這樣的疑問呢？因為你太關注外界，而忽視了自己的內心。關注管理的環境，只能使你成為一名合格的學生或者員工，要成為優秀的學生或者員工，你需要關注你自己，你需要問你自己這些問題：「我是誰？」「我要去哪裡？」「我要怎麼辦？」這需要你深入剖析自己的心靈、拷問自己的靈魂，這需要你能夠自我管理。不具有自我管理能力的人不可能成為優秀的人，外界的複雜環境會讓你感到迷茫與無力，你終會陷入不斷拷問自己「這是為什麼」的怪圈。

在決定要寫作這本《個人管理的邏輯》時，我仍在不斷推敲什麼是自我管理？如何有效地進行自我管理？如何富有邏輯地表達自己的觀點？在這過程中難免陷入痛苦，當最終得到自己滿意的答案時，那種幸福和快樂又讓我難以言語。談到自我管理的定義，大多數人會從字的表面解釋自我管理。談到自己如何實現自我管理時，大多數人通常會舉例說「我做了什麼」來表達自我管理的能力。但當被問到是否滿意現在的自己時，大多數人陷入了沉默。對於管理，知與行不同，理論與實踐不同，我們在學習管理學的過程中，應注重對整個管理方案科學性而不

是結果的探討。然而，最終在管理學的實際運用中，現實讓我們最迫切關注的只是結果。

關於自我管理的定義，我難以從表面或者內容上進行回答，最終只能從自我管理的意義來對它進行框定。自我管理對於不同的個體有著不同的意義，或者不同的自我管理方式，但我們進行自我管理的最終意義是獲得快樂和幸福。

美國管理學家詹姆斯·C.柯林斯在其所著的《基業長青》中曾這樣說道：「企業利潤就像人體需要的氧氣、食物和水一樣，沒有它們就沒有生命。但這些不是生命的目的和意義。」如同我們對物質的追求並不是我們人生的意義和目的。會使用辦公軟件、能夠寫一份策劃方案之類的技能能夠為你獲得一份解決自己溫飽的工作，但這並不是你生命的目的和意義。一個沒有任何技能的健康人，可以通過體力勞動獲得一份簡單又能維持家庭的工作。我們要物理性地存在於這個世界並不難，但物理性的存在除了使我們與其他生物一樣維持世界生物的多樣性之外沒有任何意義。真正有意義的事是你足夠瞭解自己，挖掘自己的潛能，成就自己的事業，滿足自我價值的實現。

我們在學校接受過關於市場營銷、管理信息系統、客戶關係管理等方面的管理課程的學習，學到的知識和技能僅僅局限於課堂或者理論意義。沒有一門學科專門教授我們如何做人，沒有一門學科教授我們如何自我管理，這更多地需要我們通過生活的磨煉獲得關於自我的思考。自我管理不同於我們課堂中學習的管理策略，它能使我們認識自己，去尋找生命的目的和意義。

興趣是最好的老師，我很小的時候就對管理學充滿了興趣，興趣一直指引著我對管理的不斷探索，在大學的課堂上我第一次系統瞭解了這個學科。當然必須承認學習教材中的許多東西是為了應付學校的考試，這樣的學習是知其然不知其所以然。比如學習到管理教材中「霍桑實驗」社會人觀點時發現，我們學習的和考試的重點一般是霍桑實驗的結

個人管理的邏輯

果或者意義。如果老師負責任，會簡單介紹霍桑實驗的背景，但大多數同學並不能夠真正理解霍桑實驗的整個過程。當你課后去找到一本《管理思想史》，你會發現原來霍桑實驗歷經 8 年，經歷幾個不同的階段，每個階段的研究團隊都有不同結論，其中不乏對於我們現代管理仍然適用的結論，哈佛大學商學院也是在這個時候由於霍桑實驗的研究成果而廣泛地獲得了世界的關注。

學習是一個過程，對於管理學的學習，我認為有以下四個階段：

第一個階段，在這個階段我們通常注重解決實際問題，重視技術性的學習。最初的時候，我們特別喜歡對將要倒閉或者獲得成功的企業案例進行分析，因為這類企業失敗或者成功的原因比較明顯，很容易發現它的問題，能夠快速提出針對性的解決方案。

第二個階段，我們需要去尋找企業的問題，在不明顯的情景或者環境中去發現企業存在的問題。在這個階段，你會發現正如愛因斯坦所說，「發現問題比解決問題更重要」。這需要我們具有較強的洞察力，這樣的洞察力來源於我們對管理的認識和實踐。這個時候需要全面的管理理論和實踐經驗，在制訂解決方案時需要對企業環境和管理知識進行全面把握，對個人的複合管理能力要求比較高。

第三個階段，我們對管理有了哲學上的認識，發現管理最重要的不是技術而是理念。當一個企業的營運理念出現問題的時候，任何看之有效的方法均是無效的。管理技術的運用需要特定的環境，這個時候你會發現，管理理論中權變理論的普遍性、適用性，在這個階段當你去找工作被問到管理是什麼的時候，你只能選擇說：「我只能回答管理學是什麼。」如果你採取哲學的回答，要堅持具體問題具體分析或者說「權變理論」，不懂管理的人力資源部門負責人會認為你沒有主見或思想。

第四個階段，在這個階段我們能夠將管理哲學與管理科學結合運用。在現實中存在著部分這樣的現象——對管理具有哲學認識的人在管理科學方面卻存在著技術短板。日本禪修大師鈴木俊隆曾這樣說：「初

學者眼中凡事皆有可能，行家心中可行之途無多。」一個正確的管理理念真正運用在實際的管理實踐中會遇到許多問題，最重要的是我們對理念運用環境的瞭解程度，在複雜環境下真正能夠實施的管理理論的可行之途無多。

這裡需要特別說明：對於一個本科或者專科就直接選擇管理學科的學生，最高的境界並非「悟道」而是「歸原」。管理學作為一門綜合的社會性學科，它與心理學、行為學、社會學、哲學、數學、醫學、計算機科學等學科有著十分密切複雜的關係，這也是為什麼大多數從事管理學實踐和學習的人認為管理學是一門雜而不精的學科的原因，管理學的社會性質就決定了它無法像數學那樣精準和唯一。管理學科班與非科班學生的成長路徑是不一樣的，科班學生一般都是把管理學放在相對獨立的空間中進行研究，對於他們來講，跨出管理學的領域才是真正研究的開始，因為這個時候你才真正從基礎性的學科中找到了一個真正的立足點。非科班（心理學、社會學、醫學、數學、計算機科學）學生如果跨界學習管理，他們的成效和最終成果遠遠大於科班出身的學生。

通過不斷的學習和累積，我開始關注管理的未來、管理的創新等問題，常常思考管理的下一個趨勢是什麼，如何能夠把管理推向新的高度，這需要創新。不同的學者對於創新的定義有所不同，那麼創新到底是什麼？我個人比較認可《國家中長期科學和技術發展規劃綱要（2006—2020年）》對創新所做出的分類。它將創新歸納為三類：模仿創新、集成創新、原始性創新。對於如何進行管理理論創新的問題，我認為可以歸納為兩個趨勢：一是對已知領域的精細化，二是對未知領域的探索。通過研究和分析，我發現了管理的下一個趨勢，如同管理學家彼得·德魯克和史蒂芬·柯維給出的共同答案——「自我管理」。

我認為這是他們對於管理精細化認知和探索之後所得出的結論。「精細化」和「複合化」是管理學發展的兩大趨勢，根本問題在於管理學向內發展還是向外發展。

個人管理的邏輯

　　管理最初的運用完全依附於組織及機構，如企業、政府、社會團體等。1911年泰勒的《科學管理原理》出版，科學管理正式誕生，大凡從事管理學研究的工作者都是以企業、政府、社會團體作為主要研究對象，因為這樣的研究能夠帶來豐厚的經濟報酬和社會效益，但是這樣的研究卻忽視了對人個體的研究，個人沒有得到充分尊重和重視。直到霍桑實驗社會人觀點的發現，人作為研究主體才開始進入研究者的視野。研究者們逐漸認識到人在管理過程中的重要作用，人作為管理中最重要的資源，相對於其他資源而言具有很強的可變性和可塑性。人可以通過激勵和學習來改變自己，進而影響到團隊和組織。

　　隨著社會的不斷進步，人類學習能力得到提高，人變得越來越獨立自主。隨著個人能力越來越強，個人意識的獨立性也越強。這樣的管理情境下，傳統命令式的管理方式已經阻礙了組織的發展。對於組織來講，最重要的不是管理的形式而是管理的結果，因此在這個時代，管理的形式必將有所改變。作為知識工作者集散地的科技公司開始大力推行自我管理模式，因為這樣有助於營造整個企業的創新環境，從而創造出更多的盈利型成果。

　　「自我管理」作為一種管理方式已經被運用到現代管理中，許多管理研究者把自我管理的研究對象放在了企業管理方式和領導者，忽視了自我管理的普遍性和適用性。同時，能夠把自我管理引入到個人管理中的學者大多從某一方面談論自我管理，缺乏系統而全面的論述。正如解決管理的問題，如果我們沒有全面地理解問題，那麼我們所提供的解決方案也是治標不治本，難以達到好的效果。使自我管理系統化地運用到個人的管理之中，成為了我寫作《個人管理的邏輯》的主要動機，我希望能夠全面地闡述個人管理，從管理職能的角度出發來分析我們應該如何進行自我管理。

你至少領導著你自己

對於那些真正對管理有所瞭解的人來說，西點軍校並不陌生。它被譽為「美國將帥的搖籃」。自1802年建校以來，西點軍校為美國培養了大量的政治家與軍事家，其中包括2位總統、4位五星上將和3700多位將軍。與此同時，它在商界的影響絲毫不遜色於它在軍事界的影響。根據美國商業年鑒統計，第二次世界大戰之後，西點軍校為世界500強企業培養出1000多名董事長、2000多名副董事長，以及5000多名總經理、董事一級的領袖人物。當被問起「在培養領導者方面誰做得最好」時，彼得‧德魯克（Peter F. Drucker, 1909—2005）和杰克‧韋爾奇的回答都非哈佛商學院，而是西點軍校。

那是在2007年的夏天，我閒來無聊翻閱著桌旁的《青年文摘》雜誌，一篇有關「領導」的文章映入眼簾——《你至少領導著你自己》。對於一個從小對管理學充滿好奇的人來說，這樣的標題顯然深深地吸引了我的注意力，當然在那個時候還沒有「標題黨」的說法。

這篇文章這樣寫道：

剛進西點軍校不久，軍校就給我上了一課。軍校的學生都是預備軍官，因此學年之間等級非常分明，一年級新生被稱為「庶民」，在學校裡地位最低，平時基本上是學長們的雜役和跑腿兒。

當然，「幽靈行動」也為「庶民」提供了一個向學長發泄不滿的途徑。所謂「幽靈行動」其實就是學生團體之間以幽靈為名義，搞惡作劇捉弄對方的活動。

一天晚上，三年級的學長懷特中士邀請我跟他共同完成一個「幽靈行動」。行動的目標是一個來訪的海軍軍校學員，我們要把他的宿舍搞

個人管理的邏輯

得一團糟。

　　深夜 11 點半鐘，大家悄悄摸到「敵人」的宿舍樓，按事先安排的位置站好。懷特中士用唇語數道：「一……二……三！」說時遲，那時快，我和一個二年級軍官猛地推開房門，衝到床頭，把兩大桶，大約 5 加侖冰冷的橙汁澆到熟睡的學員身上，然后迅速跑出門外。同時，另外兩個人向房間裡投擲了數枚「炸彈」（扎破的剃鬚水罐），頓時房間到處都是白色的泡沫。最后懷特把散發臭氣的牛奶潑進屋裡，任務圓滿完成后眾人分成幾組撤離。

　　凌晨 3 點鐘時，有人敲響了我的房門。原來被捉弄的軍官向西點安全部投訴，我們的酸牛奶和剃鬚水毀掉了他書桌上昂貴的電子儀器，床邊的旅行箱也未能幸免。

　　在訓導員辦公室裡，懷特中士竭力為我開脫，「是我命令他那麼做的，我願意承擔一切責任。」我也辯解說：「我只不過服從了學長的命令，他應該對我的行為負責。」訓導員盯著我的眼睛一字一句地說：「在西點，人人都是領導者，即使是一個『庶民』，你也至少領導著一個人——你自己。因此你必須為自己所做的事負責。」直到今天，那位教官的話仍然在我耳邊回蕩。那是西點給我上的第一課：想做一個成功的領導者，你必須先學會領導自己。

　　當時，這篇文章向人們傳遞了這樣一個理念「人人都是領導者，你至少領導者你自己」。從此，這樣的理念在我的腦海中印下了深深的烙印。

　　2010 年，我同數以萬計的高中生一樣面臨高考，選擇專業時，在預防醫學與經濟信息管理兩個專業之間徘徊。仿佛命運有所安排，不然現在的我或許在某地的疾病防控中心工作。為了愛情，我放棄了復讀，毅然決然地背上行囊，正式踏上了學習管理學的徵途。在這裡，我結識了我的第一位管理學導師——謝開勇教授，也在第一堂管理課回答了謝教授的第一個問題——「管理是什麼？」當時我在沒有看過任何教科書

的前提下，舉手回答道：「管理即執行，領導即決策。」在回答完問題之後我看到了謝教授讚許的目光。在大學的課堂裡我第一次系統地學習了計劃、組織、控製、激勵和領導理論，認識了羅賓斯、明茨伯格、泰勒、甘特、法約爾、韋伯、梅奧、彼得・德魯克這些管理學大師。永遠對管理學充滿好奇的我，總是在課后私下向謝教授請教一些管理方面的問題，就這樣，在不斷的思辨中我加深了對管理學科的瞭解。

2011年年初我開始使用新浪微博，在那裡遇到了中德企業對比研究的專家、留德學者楊佩昌教授，我鼓足勇氣向他請教了一些管理方面的問題。我向他提出了這樣一個問題：「楊老師，企業管理可以精細化，那麼個人管理可以實現精細化嗎？」對於管理有所認識的人應該瞭解，德國與日本在精細化管理方面一直處於世界領先水平。也正是由於這個問題引起了楊教授的關注，從而我與他有了更深入的交流探討，他認為這是一個非常好的研究方向，支持我繼續深入探索。就這樣，我不斷地收集關於個人管理方面的資料，同時開始著手建立個人管理理論框架。

事實上，我們做一件事情如果除去功利心，花費大量的時間去思考「我們應該做出怎樣的貢獻」時，將變得專注，更能夠有效地做出一些成果。這個世界總是存在著一些相通的東西，無論是學術研究還是經商創業，都是這樣，我們需要深入探索該領域。只有鑽研得越深入，做出來的事情才更具價值，同時自然能夠獲得市場的認可。也是在這樣不斷探索的過程中，我瞭解到了谷歌學術搜索，這要得益於西南財經大學陳志杰教授的幫助，那年的暑假我用兩個月的時間就寫出了3萬字的論文。開學后，我把3萬字的論文交給西華大學管理學院段素元老師審閱，他看過之後給出了非常高的評價，從那之后我將論文放置一旁，更加全面地閱讀管理類書籍。直到大學畢業，我重新拾筆寫作，除了對於管理學的熱愛以外，我希望可以向家人證明我能夠做成一件事情。

通過閱讀大量的管理書籍，作為讀者的我發現國內的管理書籍或許深入，但是碎片化程度較高。以管理五大基本職能為例，國內除教科書

以外的經管書籍大多都是分開來講的,「一個概念(理念)一本書」是慣用的寫作手法,實際上這樣不利於管理學真正得到普及。大眾對於經管圖書選擇大多以興趣為中心,如財務管理、營銷管理、人際關係管理等,在選擇的過程中可能就失去了支持概念與理論的基礎,這樣是不能夠系統理解管理這門學科和行為的。於是,我開始嘗試著建立某種框架,使本書的讀者能夠更加全面地認識個人管理。

認識比選擇更重要

在這個急功近利的年代,如「認識比選擇更為重要」這樣的理念已經很難被人們所接受。在生活中我們認識自己的時間越來越少,選擇的機會卻越來越多。我們的選擇標準實際上主要來源於兩個方面:一是個人的價值觀;二是對問題的理性分析。由於快節奏和內心的浮躁,我們現在所做出的大多數選擇越來越依賴於個人價值觀(關於價值觀的問題,本書第二章會進行討論),而非我們對問題的理性認識和分析。

認識是一種思維活動,選擇是一種行為。我們很難直觀地去發現人的思維活動,卻能夠直接地對人的選擇結果做出判斷。我們在生活中無處不存在自我管理,但我們卻從未真正地去認識過自我管理的問題,或許單純地認為自我管理就是時間管理、情緒管理。當我們熱衷於認識事物的特殊性時,事物的普遍性常被我們選擇性地忽視。無論你是否承認,我們每個人都是管理自我的主體,因為我們需要為自己的選擇所產生的結果負責。正如在上節我們所提到的那樣,「你至少領導著你自己」,我們大多數人是這樣做的,但是我們極少認識到這樣的理念。當我們沒有認識到這樣的理念時,我們做出的選擇大多以失敗告終,這就是認識的意義。

在生活中我們總是熱衷於直接產生結果的行為，缺乏對事物的深刻認知是我們這個時代人類行為的通病，這是一個缺乏深思的時代。缺少思考的我們，常常因結果而變得狹隘，我們因為對結果的考量，缺少對事物認識的深度，因此我們也失去了很多選擇，卻愚蠢地認為自己的選擇是最佳的選擇。認識是一座高峰，人們所處的位置不同，所看到的風景定然不同。也正是由於我們所看到的不同，我們對於事物的看法也就存在著差異。認識決定選擇，不同的認識決定著我們將做出怎樣的選擇，自然也就影響著行為。

中國許多行業都在追求著「掙快錢」，哪怕這樣的「快錢」需要人們事后付出很慘痛的代價。現在的許多現象已經證明，「快錢」模式已經越來越不被接受，理性精神開始復甦。「快錢」模式將整個行業弄得烏菸瘴氣，使得這個社會人與人之間的信任建立非常困難。這些問題的出現都與「掙快錢」模式息息相關，我們當初缺乏對事物深入、長遠的思考，導致了今天商業環境的烏菸瘴氣。從今天看，有很多組織的領導人依然在這樣做，但他們已經不是因為缺乏思考，而是受從眾心理和環境的影響。比較幸運的是，人們的理性已經開始逐漸覺醒，這個時代要求我們做出一些事情來改變現狀。

選擇的寬度取決於認識的深度，認識不僅能夠使選擇變得正確，而且能夠使其顯得更有意義。當然，這一切都需要我們先去認識，認識的過程是一個攀登高峰的過程，爬得越高越能夠看到靚麗的風景。

關於個人管理，我們的認識將決定著我們選擇怎樣的方式進行自我管理。中國目前的個人管理是零散的、碎片化的。時間管理的課程、情緒管理的課程、職業生涯管理的課程已經掩埋了自我管理的真正內涵，原本系統化的管理被人為地分離開來，意圖解決我們生活中某一類的問題。「修好東牆，西牆倒」依然是國內管理的現狀之一，因為管理學在傳授的過程中過度重視如何「修牆」的問題，卻沒有告訴我們或許這是「地基」的問題。

個人管理的邏輯

在 2007 年讀完《你至少領導著你自己》一文后，我陷入了這樣的思考：為什麼標題不是《你至少管理著你自己》呢？管理與領導有何差別？在最初，領導與管理的概念對於我來說非常模糊，直到讀了時任四川省政協秘書長的彭柏林先生所著的《現代有效領導論》后，我才能夠清楚簡潔地回答：「領導即決策，管理即執行」。這樣的認識在組織管理中還算正確，但是在個人管理體系中，我們需要怎樣去認識領導與管理的問題呢？

組織管理中管理與領導作為不同管理職能，不同的角色所賦予的使命必然不同，在組織中執行這兩個職能的可能是不同的人。在個人管理中管理與領導概念上的爭論已無任何意義，我們不僅管理著自己，更領導著自己，在個人管理中這兩個職能被統一於一身，我們既是個人的管理者也是個人的領導者。如果我們沒有認識到這一點，就無法真正實現有效的自我管理。因為生活中我們「非此即彼」的選擇思維，會在「管理者」與「領導者」之間做出選擇，然而事實上我們無論怎樣選擇，都將執行這兩樣管理職能，當我們沒有認識它們時，我們的個人管理是混沌的。

為什麼我們要在這個時代提倡個人管理？人類從誕生以來就被賦予了自我領導和自我管理的使命。在人類社會發展初期，個人力量很弱小，我們因為生存的需要而生活在一起，這樣組織就誕生了。在組織中，人們因為能力的不同，在社會分工中扮演著不同角色。人們在參加組織的同時也交出了自我領導與自我管理的權利，這就是為什麼在幾百年前我們不提倡自我管理，因為那時的人們沒有獲得自由和思想解放，也不具備獨立的認知和生存能力。

彼得·德魯克在提出「自我管理」時有著特定的背景和前提，那就是知識型員工已經成為組織的主體。知識型員工具有獨立的認知能力和工作能力，不需要傳統的命令式管理，自我管理模式有助於員工的創新能力與工作效率的提高。彼得·德魯克從組織管理的角度預見了自我

管理是未來企業管理的重要方式，但是這樣的自我管理依然是依附於組織的自我管理，難以擺脫組織給個人所帶來的困惑，個人管理的發揮仍以組織的目標為重點。個人沒有完全獲得獨立思考和個人管理的空間，這就局限了個人自我管理能力的發揮，影響到個人管理所產生的成果。

伴隨著科學技術的廣泛應用，互聯網深入人們的生活，人們開始掙脫組織對於個人的束縛，人們擁有了獨立的時間和空間來思考和實踐自我管理，可能成為自己想要成為的人——這要得益於個人管理意識的覺醒。我們不再被動地接受組織的管理，我們成為了自己的領導者和管理者。

社會越發展，我們越能夠掌握自己的命運。《你至少領導著你自己》拋磚引玉地向大眾傳遞每個人都是領導者，你至少領導著你自己。這一觀點改變了傳統的組織領導學說，讓我們從意識上正視自己，明白領導和管理與我們的生活息息相關，已經深入我們生活的每一個角落，我們需要有意識地開始進行自我管理。你不僅僅領導著你自己，同時你也管理著你自己。個人的成就與幸福越來越多地取決於個人管理的能力，所以請在選擇之前，認真思考個人管理，這將使個人管理更有成效。

從思考走向「研究」

思考是一種思維活動，如果我們不將其付諸實踐，那麼思考就失去了意義。一個觀點的形成或許是那麼一瞬間的事情，但是這仍然需要大量的閱讀和實踐，才能夠提高我們對事物的洞察力和判斷力。

學生時代，閱讀和查找文獻是做研究所使用的最普遍的方法。我開始選擇閱讀個人管理領域的書籍，正如 Dropbox 創始人德魯·休斯頓所

個人管理的邏輯

言：「看管理類書籍不會使你成為優秀經理，但能推動思考最重要理念。」當閱讀和思考越深入時，我發現個人管理越需要得到系統化的論述，只有當我們系統化地進行自我管理時，才可能獲得有效的管理成果。

關於讀書方法，有學者曾這樣說：「如果你需要真正讀懂一本書，那麼需要你去讀作者讀的書。」特別是在大學開放的環境下，我可以自主地學習自己喜歡的東西，然而我卻不喜歡去圖書館，除了幾次為了完成老師規定的任務。我在網上挖掘著個人管理和經管類經典書目，然后選擇購買，因此我也就對經管圖書市場有了一定的瞭解。

丹尼爾·A.雷恩的《管理思想史》和各位大師的專著成了我的枕邊書，尤其是被譽為「現代管理學之父」的彼得·德魯克先生的《卓有成效的管理者》。這位值得尊敬的先生，曾在其著作《21世紀管理的挑戰》中提出了「自我管理」的步驟，但是很不幸的是他在提出不久後便逝世了，這是個人管理進一步研究的遺憾。他為后人進一步研究管理學指出了方向，這值得我們全力以赴。個人管理真正讓管理學進入我們的生活，這是一件非常有意義的事兒。

彼得·德魯克生前曾這樣說道：「歷史學家從長期的觀點來看我們的時代，他們所看到的最重要的事件似乎不是技術，不是互聯網，也不是電子商務。那是人類歷史發生的前所未有的變化。這是歷史上第一次，人們可以做出自己的選擇，而且是越來越多的人可以做出選擇。這是第一次，他們不得不自我管理。」批判性思維是研究者需具備的基本素質之一，在學習和成長的過程中我逐漸認識到理論與實踐都不存在完美，只有合適的理論和正確的實踐。在這個過程中，我瞭解到了現代權變管理理論。其實，在中國很早就有了這樣的理論基礎並已經得到了深入實踐，當我們追溯到儒家的「中庸」思想的精髓時，實際上這也是「現代權變管理理論」的精髓。那就是執中能用、抓大放小、經權相濟，既有原則性，又有靈活性，注重整個環境的變化性和適應性。權變

理論客觀地審視了領導思維和領導行為，認識到情景對於領導思維和行為的影響力。

這樣，我開始了關於領導與領導力的研究，在這個過程中我更深入地瞭解了現代權變管理理論。領導作為組織和社會的特殊群體，伴隨組織的發展，對於整個領導群體的研究具有必要性和迫切性。科學研究需要一定的情景或者假設，因此任何理論的正確性都存在基本的適應對象和基礎的條件假設。正如管理學家法約爾所說：「在管理事項中，沒有任何東西是僵硬的或絕對的，這完全是一個『恰到好處』的問題。」

事物具有普遍性和特殊性的雙重性質，普遍性決定著事物的存在，特殊性決定著事物的進化。人們通常被特殊的、新穎的、刺激的東西所吸引，不論從事社會研究還是自然科學研究，研究者的目光主要集中於有特殊性的高、精、尖領域。事物的特殊性具有進化功能，總是處於變化之中。但是社會也具有融合功能，伴隨著整個社會發展進程，昔日的特殊性逐漸變為今天的普遍性，研究者對新事物的追求永不止步，最後的深入研究發現新事物研究仍然會迴歸其普遍性，對領導行為研究仍然會迴歸到對人性的探討。於是，我開始建立一些簡單的模型來摸索管理研究的思維方式。

最初研究思維模型如圖 1-1 所示：

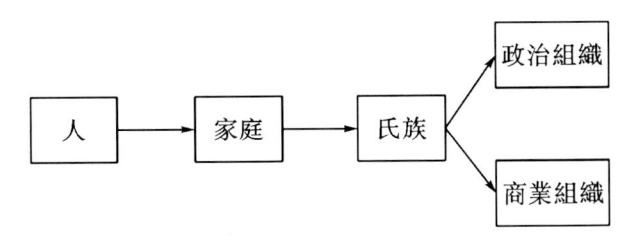

圖 1-1　過去的思維模型

現在研究思維模型如圖 1-2 所示：

個人管理的邏輯

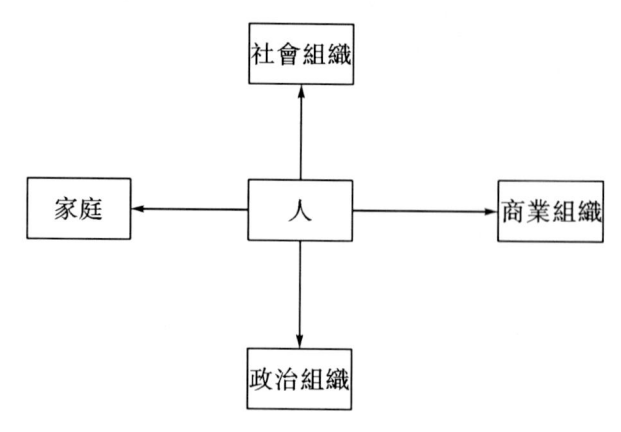

```
            社會組織
               ↑
               |
家庭 ←――――  人  ――――→ 商業組織
               |
               ↓
            政治組織
```

圖 1-2　現在的思維模型

　　管理學是一門伴隨社會發展而發展的學科，隨著生產力與生產關係的不斷進化，以及人類創造力的進步和工具的創新發明使用，生產關係需要得到與之相適應的調整。最初的管理學研究是單一的線條式結構，研究者把注意力集中於政治組織和商業組織的領導行為研究。隨著社會的複合發展，人所處的社會結構和扮演的角色越來越複雜多樣。研究者不得不重新審視人作為個體在整個社會系統中的作用，現代管理學研究是複合的系統式結構。

　　影響世界變化的有三種力量：經濟力量、政治力量和社會力量。我們注意到，最初政治力量和經濟力量是非常強勢的，而社會力量非常薄弱，社會體系不完善，人作為個體處於非常被動的地位。

　　21世紀以來，全球社會力量的影響力不斷加強，人作為個體對社會的影響力已經增強。今天，一個事件可以借助互聯網的力量，運用多種渠道飛速地在全球傳播並形成有效的影響力。每個人都有了發言權，能夠在事件傳播過程中表達自己的觀點，不相識的人能夠為一個共同的話題展開討論。這樣的力量不是經濟力量或政治力量，而是社會的力量。

何謂管理

　　什麼是管理？仿佛現在已經沒有人過多地去討論這個問題，因為我們大多數人都集中於管理方法的探討和研究。關於管理，很多管理學者有著各自的定義。如羅賓斯和庫爾塔將管理定義為：「和其他人一起並且通過他人來有效完成工作的過程。」劉易斯將管理定義為：「管理是指有效支配和協調資源，並努力實現組織目標的過程。」徐國華認為：「管理是通過計劃、組織、控製、激勵和領導等環節來協調人力、物力和財力資源，以期更好地達成組織目標的過程。」[1] 以上三種定義是學術意義上對於管理的定義，在市場中管理則被人為簡化為「管理＝管人+理事」的形式。

　　事實上，何謂管理，在管理大師彼得‧德魯克先生的經典著作《管理：任務、責任和實務》中曾這樣描述管理：「如果我們簡單地從釋義來看，『管理』（Management）這個詞極難理解，因為它是美國特有的一個詞彙，很難翻譯成其他語言，甚至很難翻譯成英國的英語。它表明一種職能，但同時又指承擔這種職能的人。它表明一種社會地位和階層，但它同時又指一門學科和一種研究領域。」也正是如此，在生活中我們常常把管理與管理學混淆，因為這的確很容易混淆。

　　彼得‧德魯克說：「管理是一種實踐，其本質不在於知，而在於行；其驗證不在於邏輯，而在於成果。」他總是在不斷探索管理的本質，因此他也與一般管理學者區別開來，成為「大師中的大師」。中國在20世紀80年代引入德魯克的相關理論，但是在這個過程中很多人直到現

---

[1] 周三多. 管理 [M]. 3版. 北京：高等教育出版社，2010：4.

個人管理的邏輯

在依然曲解了這位大師的話。我們常說，聽別人說話，需要聽別人沒說什麼，而不是說了什麼，在這裡我們顯然是迷茫的。

　　瞭解管理，我們需要瞭解什麼是管理學。但是正如之前所提及的那樣，我們沒有耐心去認識事物，我們更多的是在不斷選擇。很多人不會靜下心來思考管理學與管理的關係，因此在中國，管理學實際上是被輕視的一門學科。大眾更關心管理的方式與行為問題，因為我們感覺自己太需要被改變，我們在這個過程中不斷引進西方管理理論，匆忙地進行本土化處理，然後換上新衣，快速地展現在大眾面前，因為我們渴望新的理論、新的經驗能夠帶給我們改變，但最後發現除了傳播這些管理理論的人變得非常富有，我們實際上沒有多大改變。也因為這樣，「掙快錢」的模式傷害了大眾學習管理學的熱情和信心，真正的管理學失去了大眾市場，市面上大多都是些有著管理「外表」的「雞湯」。

　　管理是一種行為，管理學是一種認知。因為國內之前的瘋狂炒作，隨意搬弄德魯克先生的話，使得管理學變成了一門空談的學問，它被人們所厭惡，所遺棄。管理是一種實踐活動，而管理學識是一種認知活動，管理的本質在於行，而管理學的本質在於知，二者相輔相成。

　　市場經濟的飛速發展使我們已經少了思考，這種現象不僅僅存在於管理領域。我一直不認為行比知重要，但這樣常被旁人認為是空想家、理論家，我很鬱悶大眾為什麼一定要去爭論誰更重要？本來二者同等重要，市場卻要惡意地引導，這是一種非常不負責任的行為，我們的思維方式對於我們尤為重要。關於知與行問題的爭論，中國明代心學家王陽明先生早就給出「知行合一」的答案，但是直到今天依然有人還要去爭論這個問題，我們的思維為什麼不能開闊些、包容些呢？在管理界居然出現了「實戰派」這樣的說法，這是多麼的可笑。「某某實戰派專家」感覺異常的神氣，異常受市場的歡迎，這樣的現象實際上是我們的悲哀，我們沒有理解到管理的本質。

　　當你去聽某某實戰派專家演講的時候，你所接受的還是來自於專家

的經驗，這種經驗在本質上也就是一種理論，這個時候實戰專家還是理論專家。因為只有當管理被總結被歸納之後，管理才能夠得以傳播。例如，相對於整套管理理論知識體系，個人經驗的可借鑑性還有待斟酌。無論是否是實戰專家，我們需要去學習的都是對自身有益的理論，因為實戰是一種經歷，本身無法傳授。也就是說，真正的管理是無法學習的，我們所能夠學習的都是管理學。

管理學是一門不斷發展的學科，從亞當·斯密到史蒂芬·柯維經歷了幾百年的歷史，從穿針實驗到自我管理，經歷了把人從簡單重複的機器到充分尊重個人創造力的過程。在我看來，自我管理時代帶來的是一次管理理性的迴歸，在這個時代人們所處的角色也將隨之發生變化。人們由最初的被動接受外界管理到實現自我管理，雖然這是我們現在所處時代的要求，但是人在這個時代得到了人性的理解。得到了尊重，人們才能夠去追求自我價值的實現，並且這個趨勢會隨著時代的發展越來越強化。

趨勢的本質是通過對歷史的認知形成一種對未來的預見。從 1911 年泰勒的《科學管理原理》的出版至今已有百餘年，在這百餘年中，管理學逐漸成熟起來，已經形成了一部耐人尋味的管理思想史。管理思想經過了最初的混沌時期，到后來泰勒的標準化，再到后來管理的各領域劃分。這樣一步步深層次遞進，最后發現人是整個管理體系的基礎，管理的領域可以由管理的職能或者管理的目的劃分，但是在管理活動中，人是唯一貫穿整個過程的因素。即使是在對企業制度或者運行機制的研究中，人也是最終管理目標的執行者。

彼得·德魯克把未來知識型員工管理作為 21 世紀管理的挑戰之一，史蒂芬·柯維也根據自己的經驗總結出高效能人士的七個習慣。他們同樣思索著管理的未來，提出了共同的預見，管理的未來屬於自我管理。在對管理的分類中，我們可以依據管理存在的機體，分為外在管理和內在管理。外在管理是以組織為依託追求組織目標的管理類型，常以外在

的強制的管理方式為表現形式。內在管理即自我管理是以個人為依託追求個人目標的管理類型，與外在管理不同，內在管理是自發的，不具有強制性。在管理目標上它們又極其具有相似性，那就是經濟價值與社會價值共存。組織追求經濟效益的同時重視社會價值，個人在追求物質的同時重視自我價值在社會的實現。

　　這是一個知識跨界融合的時代。以管理學為例，近年來，管理學並不像泰勒的科學管理那樣孤單，特別是在霍桑實驗之後，社會人觀點深入人心。管理學與社會學、心理學、醫學等多學科相融合，在哈佛商學院的許多研究成果得益於哈佛醫學院成果的支持。知識文化的融合滲透，讓這個世界充滿著發散的氣息，我稱之為「發散原則」。在以前看似兩個不相關的領域，現在都能聯繫起來，而使之聯繫起來的是人。人的思維得到了很大的開發，人的行為也得到了前所未有的解放，人們能夠通過發散性思維，大範圍地創造連結，創造出有益於人類的成果。在這樣的環境下對於管理的描述性研究變得更加複雜，考慮的元素更加多元化。對於管理行為的分析也更加全面具體，採用「一個問題一個答案」的時代已經過去。

走向自我管理

從亞當・斯密說起

　　通常情況下，我們初識亞當・斯密是在高中的歷史教材中，真正認識他卻是由於《國富論》。對於經管類學生而言，如果我們是武當弟子，那麼他就是武當師祖張三豐。這位祖師爺創下「武林秘籍」《國富論》，讓我們真正認識了經濟學和管理學。他提出「經濟人」觀點和

「社會分工」理論，從真正意義上開創了經濟學和管理學兩個學科。

事實上，經濟人觀點與社會分工理論存在於同一個框架下，這個框架叫做「組織」。最初社會生產力低下，人們需要尋求生理的滿足、生存的需要，不得不為了實現共同的生存目標而團結起來。也就是說，原始的「組織」是個動詞，它是一種行為。后來穩定的具有共同目標的人群形成了組織，這樣的組織最初是以血緣關係為依據展開，直到後來個人差異性的凸顯和個人生存需要得不到滿足，組織有了重組的需求。馬克思曾把影響社會發展的兩個因素稱為生產力和生產關係，社會的進步與倒退都是這兩個因素相互作用的結果。組織的重組在馬克思看來是生產關係不適應生產力的發展，這樣組織會主動或者被動地進行重組，從歷史的角度看，我們稱之為革命或者改革。

人作為依賴物質生存的思維型動物，物質是基礎，是第一性的。后來，人本心理學家馬斯洛提出需要層次理論，把生理需求放在了金字塔模型的底部。經濟人觀點正視了人對物質的需求，不論社會還是個人存在發展的初級階段都是以尋求物質的滿足為第一要務，這為利己行為作出瞭解釋，同時為管理學激勵理論打下了基礎。在物質相對充裕的今天，或許部分人不會為物質所困擾，但是也不會改變物質對於個人的基礎性。

如果說經濟人觀點正視了人對物質的需求，那麼社會分工觀點則正視了人與人之間的差異性。或許最初的社會分工實踐並不是以人為中心，只是為了提高工廠的工作效率。這也是起初工廠的工作程序簡單、單一導致的，這樣的環境下不需要對人有太多差異性的要求，而是簡單地需要勞動力。伴隨著工作程序變得複雜，對於人的要求也不斷提高，社會分工的專業性和層次性日益明顯，影響社會分工的因素也逐漸增多。

亨利・法約爾：第一個管理理論

亨利・法約爾（1841—1925），法國的一名管理者和工程師，通過他的管理原則和要素，創造了第一個管理理論。波拉德曾這樣評價他：「在他那個時代，他是唯一試圖建立一種基本的管理理論的人，這種嘗試的價值是無法估量的。它並不完整和全面……但是它具有極其重要的價值……我們今天仍清楚地記得。」

法約爾作為工業領域的管理實踐者，他在實踐中發現有一種不同於技術的東西就是管理。在 1900 年，他在提交給國際礦業和冶金大會（IMMC）的一篇論文中寫道：「一家企業中的所有員工都或多或少地參與管理職能，（而且）偶爾有機會來施展自己的管理才能並因此受到注意。（那些）尤其有才能的人能夠從最低的職位晉升到組織層級機構的最高層。」在這裡法約爾開始將管理能力與技術知識分離開來。

法約爾對於管理主要有三大貢獻：

1. 管理職能的劃分

無論是在商業、工業、政治、宗教、戰爭，還是慈善事業中，在每件事情上都將有一種管理職能被執行。法約爾將管理活動劃分為五個基本職能：計劃、組織、指揮、協調和控製。法約爾的職能理論在那個時期是領先的，一直影響到現在管理職能的劃分。對比泰勒的科學管理，法約爾更重視組織和管理職能。雖然他們都是工程師出身，但泰勒更關注生產和會計制度。

2. 提出管理的 14 條原則

法約爾管理原則的提出是對他管理實踐的總結，他實際上是不願意使用「原則」這一術語的，他認為管理是一門困難的藝術，管理的原則沒有數量上的限制。事態的變化決定了規則的變化，事態本身孕育著

規則。他所提出的管理 14 條原則，並不是一成不變的，而是作為燈塔，照亮了后人通向理論的道路。這 14 條原則如下：

（1）工作分工。

（2）權利。

（3）紀律。

（4）統一指揮。

（5）統一領導。

（6）個人利益服從整體利益。

（7）報酬。

（8）集權。

（9）等級鏈（權利鏈）。

（10）秩序。

（11）平等。

（12）穩定的員工任期。

（13）主動性。

（14）團結精神。

在我們今天看來，這 14 條原則並非解決所有問題的良方。但是作為管理理論的先行者，他用實踐證明了在管理過程中存在許多共同的原則，這 14 條原則就是他對他所處時代管理理論普遍性的總結。

3. 管理理論可以傳授

從法約爾把管理能力與技術知識分離開來，直到 1917 年《工業管理與一般管理》的出版，他建立了第一個管理理論，他站在組織的角度認為高層管理者需要管理能力，而不是技術能力。法約爾認為管理理論是必需的，因為：第一，管理是在所有類型的組織中都可以發現的一種行為；第二，當一個人在組織層級中的地位上升時，管理能力變得更加重要；第三，管理知識能夠被傳授。他認為，每個人都應該學習管理，

個人管理的邏輯

因為它對工業和非工業組織以及家庭都非常必要。①

即使在今天,管理能否被傳授仍然存在著爭議,大多數人認為實踐和經驗是獲得管理職位的唯一途徑。管理理論的學習並不被人們所看好,一個本科生通過學習管理理論很難獲得管理崗位。大學理論的學習只是對管理思維的訓練,也只是對管理基礎知識的瞭解,從現代管理學傳授意義上講,學習管理理論是為了更好地理解公司行為。

梅奧與霍桑實驗

喬治·埃爾頓·梅奧(1880—1949),1899年在阿德萊德大學獲得邏輯學和哲學碩士學位,后來在蘇格蘭從事精神病理學研究,這也為他后來成為管理研究者奠定了基礎。由於獲得洛克菲勒基金會的贊助,梅奧后來移居美國,在賓夕法尼亞沃頓商學院從事教學工作。真正使梅奧成名於管理史的是他在霍桑實驗中「社會人」觀點的發現。

霍桑實驗最初源於工業照明委員會(美國國家科學院國家研究委員會的一個分支),為解決「工作場所中的照明對工人生產力有什麼樣的影響」這個問題,此前有研究表明提高照明度將導致工作績效的提高。最初研究這個問題的團隊來自麻省理工學院。但是1924年冬,研究團隊得出的結論是「產量的上下浮動與照明度並無直接關係」。本來在這樣的項目已經在放棄的邊緣,由於研究團隊中霍默·希巴格(Homer Hibarger)通過說服工廠副經理喬治·彭諾克(George Pennock)堅持下去,這樣才有了后面的繼電器裝配檢驗室實驗。

在繼電器裝配實驗室實驗中,彭諾克、希巴格尋求了當時麻省理工學院的克萊爾·E.特納(生物學和公共健康學領域教授)和沃頓商學

---

① 丹尼·A.雷恩. 管理思想史[M]. 5版. 健敏,黃小勇,李原, . 北京:中人民大 出版社,2009:241-258.

院正在從事教學的梅奧教授的幫助。在早期研究中，梅奧發現無法用任何一個單獨因素來解釋工人們的問題，而必須使用他稱之為「整體情境」的心理學方法。這是格式塔心理學的一個概念，並成為他將組織視為一個社會系統觀點的基礎。在研究中，梅奧發現工人們存在過度關心自己的問題，梅奧稱之為「悲觀主義幻想」。解決這個問題在於培訓監工，使監工成為傾聽者而不是說教者，這樣以人本為導向，注重人際關係的發展。由於在之前雲母片分離實驗中沒有得到多少有用的信息，1930年特納寫信給馬克·帕特南（Mark Putnam），建議用男工組成一個實驗室，以獲得影響集體產量的額外信息。

在納特的建議下，研究者們開始了繞線室實驗，在這個實驗中，研究者們正式得出企業中存在「非正式組織」。這樣的結果讓研究者感到非常吃驚，雖然泰勒曾敏銳地意識到系統的「磨洋工」和群體壓力，但是研究者未研究以往有關非正式群體的著作。作為霍桑實驗的研究者弗里茨·J.羅斯利斯伯格（Fritz J. Roethlisberger，1898—1954），他與霍桑工廠的雇員關係研究部主管威廉·J.迪克森一起撰寫了霍桑實驗最為人知的版本《管理和工人》，將工作場所視為一個社會系統。同時，梅奧在他對霍桑實驗總結一書《工業文明中人的問題》中闡述了3個不同於古典理論的觀點：

（1）工人是社會人，而不是經濟人。
（2）企業中存在非正式組織。
（3）生產率主要取決於工人的工作態度以及他和周圍人的關係。

羅斯利斯伯格曾這樣評價梅奧：「梅奧是思想領域中的一名探險者（霍桑實驗的）數據並不是他的功勞，得出的結果也不是他的功勞，但是，對於結果的解釋以及從中得出的新問題和新假設是他的功勞。」①

---

① 丹尼·A.雷恩. 管理思想史 [M]. 5版. 健敏，黃小勇，李原，. 北京：中人民大 出版社，2009：321-342.

個人管理的邏輯

彼得・德魯克與現代管理

　　彼得・德魯克，生於維也納，1937 年移居美國，終身以教書、著書和諮詢為業，被尊稱為「大師中的大師」。他對現代管理學有著十分深遠的影響，德魯克是公開發表「組織目標」這一概念的第一人，第一個提出「管理學」概念，並創造了「目標管理」（Management Bay-Out，簡稱 MBO）這一詞彙。

　　德魯克非常強調管理實踐，他認為管理者必須卓有成效。他的學生喬治・奧迪奧恩說：「（德魯克）在研究生院一直是一個穩健的聲音。學院的教師們都在忙於運算數學模型和測量管理者兩個眼球之間的距離，但德魯克總是把注意力集中於管理者實際上在做的事情，即管理實踐。」德魯克被稱為「現代管理學之父」，他認為管理實際上解決的問題 90% 都是共同的，剩下的 10% 由不同公司的經營宗旨、文化、歷史、對組織類型的描述、盈利或非盈利性質有所不同。

　　德魯克因目標管理贏得了聲譽，他曾這樣說：「管理者的工作，應該基於為了實現企業目標而完成的任務之上……管理者應該受他所要完成的目標的指揮和控制，而不是受制於老板。」要用目標管理取代被驅動的管理，控製應該來自自我控製而不是上級的控制。德魯克通過目標管理已經認識到了管理者自我管理的重要性，管理者需要內部的自我驅動完成目標。通用電氣公司在實踐中應用了這一概念，德魯克通過著書對目標管理進行了闡述和推廣。

　　對於自我管理，德魯克提出了著名的「德魯克五問」。他認為好的自我管理者必須回答以下五個問題：

　　（1）我是誰？什麼是我的優勢？我的價值觀是什麼？
　　（2）我在哪裡工作？我屬於誰？是決策者，參與者，還是執行者？

(3) 我應做什麼？我如何工作？會有什麼貢獻？
(4) 我在人際關係上承擔什麼責任？
(5) 我的后半生目標和計劃是什麼？

「德魯克五問」是他對管理一般化以個人為對象的應用，直到今天對我們個人的自我管理仍有著重要影響。它回到了蘇格拉底「認識你自己」，這次不是從哲學的角度，而是從管理的一般性出發，從定位、價值觀、計劃等角度給出自我管理的啟示。

史蒂芬·柯維與自我管理

史蒂芬·柯維（1932—2012），生於美國猶他州鹽湖城，先後就讀於猶他大學、哈佛大學、楊百翰大學，並在楊百翰大學長期任教。史蒂芬·柯維在領導理論、人際關係、個人管理領域久負盛名，他的思想成就與卡內基、德魯克、杰克·韋爾奇並肩比奇。他較早對個人管理領域進行了探索研究，認為每個人和每個組織都具有實現和維持卓越的潛能，在他的代表作《高效能人士的七個習慣》中充分說明了這一點。

在《高效能人士的七個習慣》中，史蒂芬·柯維從個人的角度出發，研究得出有效自我管理的 7 個習慣。它們分別是「積極主動」「以終為始」「要事第一」「雙贏思維」「知彼知己」「統合綜效」「不斷更新」。史蒂芬·柯維在著作中把前 3 個習慣歸結為個人的成功習慣，把后 3 個習慣歸結為公眾的成功習慣。在 2010 年史蒂芬·柯維在《高效能人士的第八個習慣》中提出了第八個習慣——「尋找心聲」作為對高效能人士的七個習慣的補充。

「個人管理」一詞最早出現在史蒂芬·柯維的代表作《高效能人士的七個習慣》中，該書詳細介紹了自我管理來源於第四代時間的管理理論。

個人管理的邏輯

　　第一代理論著重利用便條與備忘錄，在忙碌中調配時間與精力。

　　第二代理論強調行事歷與日程表，反應出時間管理以注意到規劃未來的重要性。

　　第三代理論講求優先順序的觀念，也就是依據輕重緩急設定短期、中期、長期目標，再逐日制訂實現目標的計劃，將有限的時間、精力加以分配，爭取最高的效率。

　　第四代理論從根本上否定了「時間管理」這個名詞，主張關鍵不在於時間管理，而在於個人的自我管理。

　　在史蒂芬‧柯維對於個人管理的研究中，有兩點值得我們后人深入研究。

　　1. 系統性

　　個人的自我管理不僅僅局限於時間管理。管理是全面系統的，而不局限於管理的某一方面。單一地強調某一方面的管理會導致自我管理的失衡，自我管理不會取得有效的結果。

　　2. 開放性

　　自我管理不僅僅局限於 7 個習慣或者原則。史蒂芬柯維提出的高效能人士的七個習慣如同法約爾提出的管理 14 條原則那樣，這些原則具有一定的普遍性和適用性，在個人管理中並不局限於這 7 個習慣。

　　對於管理，正如法約爾所說：「管理的原則並沒有數量上的限制，也並不是一成不變的。」自我管理的表達我想也不是 7 個或者 8 個原則能夠代表的，自我管理需要系統的表達，需要更好的表達方式那就是自我管理系統論，系統的整體的框架能夠建立好的模型，避免人們陷入原則的陷阱。系統的包容性能夠使整個系統得以不斷優化，這樣系統的更新更有利於系統的生態良性發展，而不是單純的做加法或減法。當一個問題沒有得到完全理解，任何方法都徒勞無功，但是為了解決管理問題的迫切性時，方法論往往獲得急功近利者的青睞，到最后無異於飲鴆止渴。

嘗試系統思維

20世紀20年代美籍奧地利裔生物學家馮·貝塔朗菲在對生物學的研究中發現，把生物分解得越來越多，反而會失去全貌，對生命的理解和認識越來越少。因此，他開始了理論生物學研究，創立了一般系統論。1945年《關於一般系統論》的發表，成為了系統論形成的標誌。系統論強調系統的整體性、開放性、動態相關性、層級等級性、有序性。自然科學一般系統論的發現引發了社會科學領域的思考研究，與自然科學系統科學研究不同，自然科學系統研究強調研究對象的個體系統性和整體性，社會科學系統研究不僅僅是對研究對象個體的系統性和整體性，同時強調研究對象的外部環境。

生物的進化是以「適應」為主題的，社會的進化是以「融合」為主題的。生物的進化是為了適應自然界的生存條件，生物會主動發生機理性的變化。社會的進化以社會多領域、跨地域的融合為主，這樣的融合建立在社會創新之上，社會主動吸納創新的東西，推動整個社會的進步。生物界的進化速度十分緩慢，社會進化速度卻異常迅速。管理學一直存在「藝術與科學」之爭，一直存在科學管理學派和行為科學學派。隨著社會的進化和複雜，這樣的爭議已逐漸淡化並開始走向了融合。

英國管理學家邁克爾·C.傑克遜在《系統思考》一書的序言中曾指出：「從根本上講，簡單的方案之所以失敗，是因為他們不具有整體觀或創意不足。」[①] 對於系統的研究需要把整體的研究放在局部的研究之前。特別是在自然科學與社會科學相互滲透融合的背景下，對問題的

---

① 克·C.杰克．系 思考 [M]．　，高　，李萌，．北京：中 人民大 出版社，2005：4．

個人管理的邏輯

思考更需要具有系統的觀點，從全面的角度對問題進行解析，這樣才能發現問題的實質所在。系統思考不僅僅要求研究者們具有全面系統的思維分析能力，更需要研究者具有包容接納的心態，這樣才能夠高質量地制定解決問題的方案。在管理學的學習中，我發現哈佛大學的醫學院研究成果常常被哈佛商學院所利用，特別是在神經科學、認知領域、應用心理學等方面。

為了更直觀、系統地展示自我管理，我開始嘗試建立自我管理系統模型，該模型主要從管理的基本職能系統論述自我管理和如何有效進行自我管理。結合個人管理的實用性主要採用領導、溝通、控製、激勵來建立系統框架，以深化各個職能在整個系統中的運用，優化各個環節，達到整體功能的優異。要做好自我管理離不開這四個核心要素的配合，它們相互作用、循環發展。當然我們沒有必要去討論孰輕孰重的問題，正如科學家愛迪生所說的：「成功等於99%的汗水加1%的運氣。」我們永遠不知道是99%的汗水重要，還是1%的運氣重要，因為二者都是取得成功的必要條件。

在自我管理的體系中要想有效地進行自我管理，我們應該建立怎樣的管理認知呢？我嘗試以「人性複雜論」為理論基點，建立自我管理「認知系統」。

個人管理「認知系統」

對自我管理的認知應基於對人性的透析和對環境的客觀理解。人性假說理論主要經歷了下面四個階段：自然人、經濟人、社會人和複雜人。「人性複雜論」的產生是人類認知水平的進步，是社會發展的必然結果。任何領域關於對人的、社會的討論都離不開對人性的理解。

在自我管理認知系統論中，我以人為中心作為原點，按道家思想我

們可以將其稱之為「太極」。這個點是人類最原始的狀態，伴隨著生命的延續，人的不斷成長，我們會受到來自於外界的各類影響。人的生命力生物性是非常脆弱的，人因思想而變得強大，我們的思想卻與環境息息相關，並且在這個過程中思想具有了擴散性的發展。

如果我們的思想是規則的、同向的、無差異的發展，那麼這個點的發展將呈直線型，那麼這個世界將變得單一、簡單。然而現實經驗卻告訴我們這個世界充滿了不完美，你越成熟就越能夠發現「完美」是現實世界的一個偽命題。我們現實中所謂的「完美」是理想化的完美，是人類主觀意識的完美概念。首先，從開始的遺傳和基因就已經決定了你與眾不同；其次，隨著生命體的成長，人們不斷獲得了向球（外）發展的意識和能力，這個點就逐漸有了向球發展的趨勢。但是在這個過程中人由於所處的自然、社會、經濟、政治的環境不同，會繼續產生各種各樣的變化。

這樣的變化不是簡單可以用360度角來進行解釋的，雖然人們常把360度視為全面、完美，但是對於自我管理的認知並不是二維（平面）能夠進行解釋的。點是球的雛形，它的成長與擴散是一個立體的構架，它是一個全面的、系統的思維模式。二維（平面）的模型常常束縛了我們對於個人管理的系統思維，在二維模型中我們可以建立的指標與分析框架非常有限，且不利於整個系統進一步完善。因此，這也是我建立「球型」認知系統框架的初衷，伴隨著大家的成長，我們的經歷和思考將更加豐富這樣的一個系統。同時，這樣也有利於我們能夠拓展自己的思維方式，使自己的思維不受限制，更好更全面地去認識自我管理。

從點開始，我們需要在許多事物之間建立關聯，特別是互聯網技術進入我們的生活，連結的方式已經發生了改變，連結變得隨意而泛濫，對象與對象之間的連結變得異常容易。「點狀」結構開始向「線型」結構和「面狀」結構發展，最終形成「球型」結構。事實上這樣的「球型」結構，現實生活中我們沒有人能夠真正達到「球型」的狀態，也

個人管理的邏輯

就是說它僅僅是一種我們預設的理想結構。在這個結構中存在「兩個半球」，人在自然、社會、經濟、政治和社會的共同作用力下，我們現實所構成的「線型」結構會呈現出向其中一個半球傾斜的趨勢。人所處的現實狀態是對這種趨勢的直接表達，即為積極（positive）和消極（negative）。那麼自我管理是什麼？就是在認識自我的狀態之後，運用管理職能來進行調節和改善自我的狀態，向積極的方向發展。

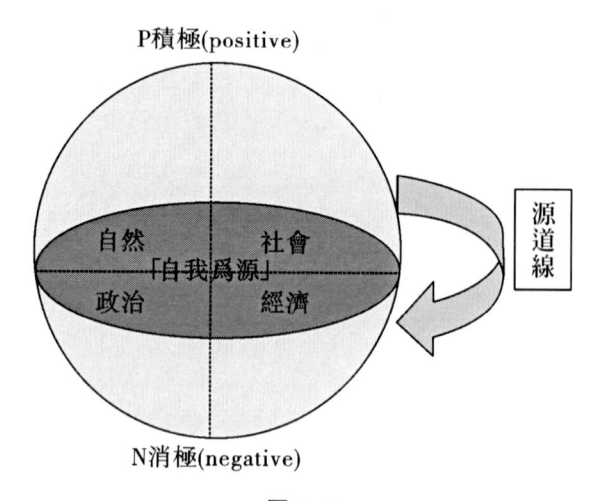

圖 1-3

我們用人生所處的兩種狀態來反射我們對於自我管理的認知，因為我相信只有在全面地認知個人管理之後，我們的個人管理才會變得卓有成效。認識自己是我們一生都需要思考的問題，而這樣的模型將帶給我們更加豐富的思考範圍，走向縱深。在這之後，我們將進一步探索個人管理的「執行系統」。正如我前文所說的那樣，如果我們僅僅停留在認知層面，那麼管理將變得毫無意義。那麼我們需要建立怎樣系統的來為我們的自我管理提供更多有效的方式和途徑呢？這也是本書的寫作核心，在這裡你將得到答案。

個人管理的「執行系統」

前文我們已對管理與管理學進行了探討，管理學實際上是一套相當複雜的體系。我們需要怎樣的去實施個人管理，這裡我們需要去瞭解和學習個人管理的內容和方法。在這裡，作者依據不同管理職能的性質將個人管理分為兩大模塊：第一個模塊集中討論自我領導方面，如何成為一個擁有魅力型人格的人，如何形成有效領導力以及關於個人如何在不確定性中做出正確的決策；第二個模塊集中討論溝通、控製、激勵這 3 個管理職能在個人方面的運用。當我們將這 4 個管理職能協同發展時，我們的個人管理將變得高效能。

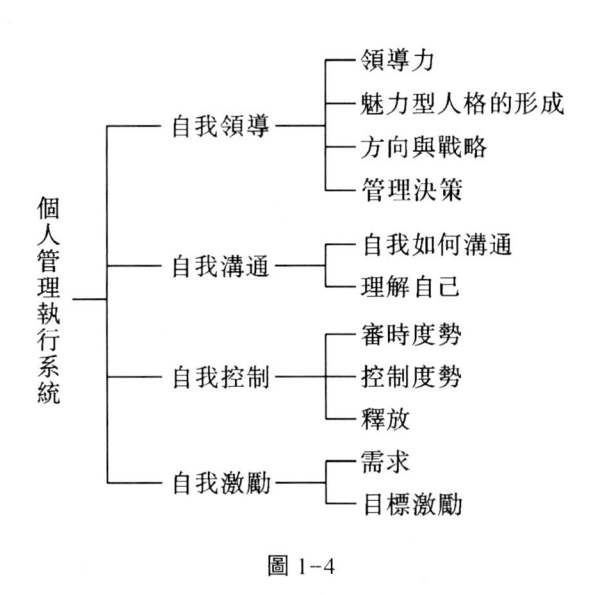

```
                    ┌─ 領導力
                    ├─ 魅力型人格的形成
         ┌─ 自我領導 ┤
         │          ├─ 方向與戰略
         │          └─ 管理決策
         │
個人      │          ┌─ 自我如何溝通
管理     ├─ 自我溝通 ┤
執行      │          └─ 理解自己
系統      │
         │          ┌─ 審時度勢
         ├─ 自我控制 ┼─ 控制度勢
         │          └─ 釋放
         │
         │          ┌─ 需求
         └─ 自我激勵 ┤
                    └─ 目標激勵
```

圖 1-4

個人管理的邏輯

個人管理的「檢查系統」

在個人管理得到充分認知和執行之后，我們仍要反思自己經過這樣的個人管理之后有哪些收穫與不足，這顯然需要一套檢查系統來進行檢查和完善，而在管理學中有這樣一套簡單的全面質量管理系統「PDAC循環圖」（如圖 1-5 所示）[①] 可以用於優化個人管理。

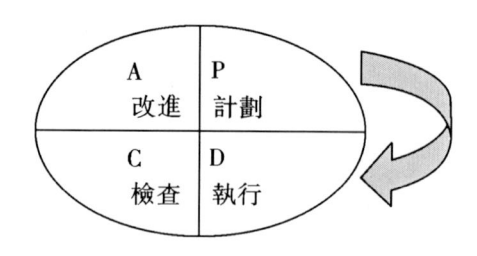

圖 1-5 「PDAC」循環圖

從管理學走向管理，從認知到執行再到檢查，管理是一個過程且是一個不斷完善的過程，成果只是管理的節點。在這個過程中我們需要更多的經驗和教訓，需要更多的相應的管理理論為其提供支撐，這才是真正意義上的管理。

---

① 杜，等. 管理 研究方法 [M]. 大 ： 北 大 出版社，2009：63.

遠離瘋狂，杜絕迷戀

當我們喜歡某一事物時，我們將變得異常專注，專注將使我們的行為變得更加高效。專注是一種全身心，專注是一種孤獨，專注的內心簡單。在生活中存在這樣的一個誤區，將迷戀當做專注，將瘋狂當做專注，雖然它們能夠使我們變得專注，但當我們迷戀時瘋狂時我們的內心已經變得不是那麼純淨，我們離專注的本質已經漸行漸遠。

大概是我上初中的時候，當時成功學風靡全國。什麼是成功學？大概我們可以簡單地稱之為一門研究別人如何成功的學科，這是從管理學中脫離出來的一門學科。從西方管理思想史中我們能夠挖掘出成功學的種子，這要從 1936 年戴爾·卡耐基的《如何贏得朋友和影響他人》（又譯為《人性的弱點》）開始，這是一本關於成功學最早的著作，也被認為是全球首部自我管理的暢銷書。在這本書之后，很多年自我管理的學術性研究並沒有取得突破性進展，直到史蒂芬·柯維帶來了《高效能人士的七個習慣》一書，在這裡柯維對一個人如何走向高效能進行了系統深入的探究，在這裡它是科學。

國內的成功學是一門被炒作的學問，已經離管理的本質越來越遠。他們通過對大量的成功人士的案例分享來激發受眾對於快速成功的渴望，但是沒有沉下心去認真總結，它因為簡單而受到大眾的喜歡，但也因為缺乏深度而不能帶給大眾改變。在傳統管理時代，需求決定市場；在互聯網時代，市場創造需求，在這個時代很多邏輯將被改變。改革開放與市場經濟讓大眾太渴望成功，太渴望獲得物質的滿足，成功學的瘋狂是那個時代的要求，很多人迷戀成功學說，卻很少有人去尋找管理的初衷與管理的本質。

個人管理的邏輯

當迷戀、瘋狂過后，人們沉下心來思考成功學帶來的改變時，仿佛沒有什麼收穫，除了短暫的精神振奮。傳授成功學的人的演講總是讓人熱血沸騰，我曾問過一些迷戀成功學的同學，聽過成功學大師的研究之后有什麼收穫嗎？我得到的答案是否定的，除了聽的時候熱血沸騰。我不知道是迷亂的商業環境造就了今天成功學的悲哀，還是管理學者不屑於從事個人管理的研究導致今天個人管理的悲哀。由於市場的非理性繁榮導致了我們今天的困境，市場中雖然現在還賣著成功學的圖書，但是這類書籍已經淪落到「按斤賣」的地步。瘋狂總是會付出代價，或許這就是代價。

迷戀是因為人的無知，迷戀會產生瘋狂的行為。為什麼要遠離瘋狂，杜絕迷戀？迷戀最大的錯誤在於束縛了我們的思維，使我們變得狹隘。我們在這個階段成長速度會非常快，但是這樣的速度背後卻缺少內涵和質量。大眾對於成功學的迷戀與瘋狂，是因為我們太缺少管理的常識。凡是對於管理的常識有所瞭解的人，就知道現在流行的成功學大多都是廢話。大眾缺乏管理的常識，這是國內管理研究者與「布道者」的責任。

現在我們到了一個理性被喚醒的時代，我們開始瞭解什麼是自我，開始追求獨立與自由。有關於個人成功的問題，我們變得理性，我們開始明辨是非，擁有自己的獨立判斷力，這對於我們這代人來說是幸運的。

2

學會自我領導

個人管理的邏輯

領導從此告別「高大上」

生活中人們總是單純地認為管理管理者的人就是領導者，企業的創始人與董事長是領導者，組織的核心人員是領導者，領導者永遠站在金字塔尖，讓我們總是仰望著他們。事實上領導是一種管理職能，領導者是執行這項管理職能的人。管理學中的領導具有雙重屬性：當領導作為名詞時代指組織的領導者；當領導作為動詞時即指領導行為，指領導者從事的活動。領導是一種管理職能，管理通過領導職能在一定的組織環境中的運用，實現組織目標。

對領導職能有較早研究的管理學家巴納德，在他1938年的代表作《經理人員的職能》中曾這樣寫道：「經理人員的職能，就好像相對於身體其余部分的包括大腦在內的神經系統一樣。神經系統指揮著身體的各種活動，以使身體有效地適應於環境，維持生存。」研究者對於領導職能的研究建立在組織的基礎之上，巴納德認為，「正式組織是人們之間一種有意識的、謹慎的、有目的的協作。」他將組織定義為「對於兩個或多個個體的活動或力量進行有意識協作的系統。」巴納德把經理人員的職能歸納為3個方面：

第一，提供一個溝通系統，維持信息交流。巴納德認為這是領導職能的中心，領導作為職能，確保組織內部的信息流暢通是基礎。

第二，促進對個人基本努力的保護。使人們參與到協作關係當中，並使他們為組織作出貢獻。事實上巴納德協作系統的結構是從把個體作為個別獨立的人開始的。

第三，提出和制定目標。領導這項職能比其他職能更明顯地表現為整個管理組織制定、再確定、分解和決定無視同時進行和循序漸進的行動。

組織的外部環境越來越複雜，領導職能更加豐富、更加具體。在當時 1938 年的背景下，巴納德領導職能理論的提出無疑是對當時組織領導理論的權威解釋，因此在西方管理學界他被尊稱為現代管理理論的奠基人。直到后來，巴納德的管理思想直接影響了霍桑實驗研究者和赫伯特·西蒙。值得注意的是巴納德「效率—效能」兩分法的提出，試圖實現個人目標與組織目標的結合，對人給予尊重。

后來的研究者並未對領導職能進行深入研究，而是把研究的目光聚集在領導者身上。領導者開始與管理者區別開來，在領導職能學說之前，領導者與管理者常常被混淆。經過學者們大量研究后，發現領導者與管理者有區別，主要原因在於管理者的本質是依賴被上級任命而擁有某種職位所賦予的合法權力而進行管理，被管理者往往因追求獎勵或害怕處罰而服從管理。而領導者的本質就體現在被領導者的追隨和服從，它完全取決於追隨者的意願，而並不完全取決於領導者的職位與合法權力。

隨著領導理論的深入，研究人員發現領導職能的內涵並不複雜，實施領導職能的領導者卻是複雜多變的。研究者們從最初對一個組織領導者的分析演變為一個組織需要怎樣的領導者，從最初對領導者個人因素的思考發展成為對領導環境的研究。對領導者的理論研究主要經歷了 3 個階段：

第一個階段：對於領導者個人特質的研究。這個階段主要是對有效領導者個性特質的總結歸納，如強烈的權力慾望、充滿自信、追求知

個人管理的邏輯

識、敢於突破、超強的忍耐力等因素。研究結論認為一些偉大的領導者天生具有成為領導者的潛質。這個階段的研究成果並不系統也不深入，著重於對領導者特性的研究，過分強調和重視領導者個人的個性，忽略了領導環境對領導行為的影響，結論的適用性不強。

第二個階段：重視對領導行為的研究。研究者企圖從領導者的行為中尋找最有效的領導方式。這個階段最重要的標誌是加入了對追隨者的研究，通過領導者與追隨者之間互動程度的不同，建立了許多領導理論與模型，其中以管理方格論最為著名。

第三個階段：第三勢力的進入——領導環境。這個階段研究者的思想趨於成熟，他們認為不存在特定的或最好的領導方式，任何領導方式都是領導者特徵、追隨者特徵、領導環境三個作用力共同作用的結果，這被管理學家菲德勒稱之為權變理論。

在整個領導理論的研究中，越到后來發現影響領導者行為的因素越趨複雜。菲德勒的「權變理論」是對領導行為較權威的解釋，他曾說：「改變領導風格比改變環境條件要困難得多。」天生具有領導特質的人也需要在特定的環境下才能夠成為偉大的領導者。事實上，菲德勒的「權變理論」是對管理以及領導理論的普遍性總結，阻礙管理有效性的實施在很大程度上不是管理者、員工本身的問題，而是管理者、員工與環境三者之間的適應性問題。權變理論的提出，使管理實踐者和研究者能夠全面認識管理環境，對於提高領導和管理有效性有著重要意義。

領導作為組織實現組織目標的一種職能，實施的效果取決於領導者的能力。領導者的能力是一個綜合指標，它包含領導者個人性格特質、學習能力、反省能力、溝通能力、適應能力等因素。作為社會人，我們處於複雜的網狀式的社會環境中，我們充當不同的社會角色。領導作為一種職能與我們息息相關，我們常使用領導職能卻從未知曉。美國通用電氣公司前首席執行官傑克·韋爾奇在他的自傳中寫了這樣一段話：

「每一天，每一年，我總覺得花在人身上的時間不夠。對我來說，

人就是一切。我總是不斷提醒我們的經理：不管是在哪一個級別上的人，都必須分享我對人的激情。今天，我在他們面前是『大人物』；他們回到公司后，在員工們看來，他們就是事實上的『大人物』。我們必須把同樣的活力、獻身精神和責任心傳遞給員工們，傳遞給那些遠離杰克·韋爾奇的人們。對這些員工來說，杰克·韋爾奇可以說什麼也不是。我的前妻卡羅琳總是提醒我——我曾經在這家公司工作了 10 年而不知道董事長是誰。我要求每一個通用電氣公司經理都要記住的重要一條是：在其員工所關心的範圍內，『他們就是首席執行官』。」

在社會系統中，我們會同時處在多個不同的組織體系中，你可能並不處於領導管理職位，卻通過領導職能去實現組織目標。杰克·韋爾奇只是從企業的角度說明了領導職能的實施，這並不需要你有多高的職位，因為我們能夠看到的只是圈子內的「大人物」，但這只是一個縱向的觀點。以個人為中心來看待領導職能，我們身邊有許多圈子，你在企業的圈子裡可能完全接觸不到領導的職能，但是這並不影響你在其他圈子實施領導職能，只要實施領導職能，你就是領導者。

西點軍校的故事告訴我們——「你至少領導著你自己」，我們並不像西點的故事那樣狹隘，我們擁有眾多的圈子，我們不僅可以自我領導，也能夠成為圈子內的「大人物」。我們國家由於處於封建社會時間較長，人們對權力和領導容易盲從和害怕，導致一些人不敢成為「大人物」，不是因為不想而是不敢，不敢的主要原因是因為不相信自己具有成為領導者的潛質。

伴隨著社會的互聯網化、組織的扁平化，領導者將告別「高大上」的時代。在社群組織興起的時代，人們要成為領導者的核心在於影響力，而非權力。也即是互聯網的本質改變了資源的分配方式，社會結構「扁平化」「資源分散化」是這個時代的重要特徵，這個時代真正的領導者是那些通過自身影響力將分散的資源聚集在一起的人。這是一個「點與點」連結的時代，在整個連結的環境中領導者處於這個網的核心

043

個人管理的邏輯

或者關鍵位置，而不再站在金字塔塔尖。

我們能夠通過學習成為一名領導者。這條道路雖存在先天與后天的差異，不同的人在這條道路上看到不一樣的風景。有的人先天性地具有領導風格與特徵，在組織中他們善於表現自己，他們總是希望能夠影響別人。有的人是通過后天的學習成為領導者，在這條道路上他們所遇到的挫折與磨難將遠遠高於前者。我們也不用去糾結自身是否具備成為領導者的優勢，因為無論怎樣，這都需要學習。

領導自己

在所有的管理職能裡，領導職能的重要性居於首位，因為領導者永遠決定著方向，方向的把握也是在傳統組織中管理者與領導者最重要的區別。領導者永遠需要回答的問題是「我們將去向哪裡？」，只有當這個問題得以解決的時候，我們才能夠實施其他各類管理職能。在管理學家西蒙提出「管理即決策」之前，領導職能實際並不被人重視，西蒙之后領導與決策迎來了研究的浪潮——如何成為領導者？如何提升領導能力？這些問題成為了研究的熱點。

事實上當人類擁有思想的那天起，對於個人而言就已經埋下了自我領導的種子。由於組織的形成，我們放棄了或者說交出了一部分自我管理的權利。在中國漫長的歷史長河中雖然可以看到我們重視自我修養的影子，但是缺少科學系統的自我領導，因為這畢竟是現代管理的產物。

自我領導作為個人管理系統中的首要職能，它與其他組織中的領導行為不同，自我領導的主體與客體都是以自我為對象，自我領導是為了確保我們將去向哪裡所必需的管理職能。自我是自我領導職能的實施者，這與生俱來我們無法逃避。當然，有些人自我領導是有效的，有些

人自我領導是無效的。如果我們無法使自我領導變得有效，那麼我們也無法統籌自我管理的其他各項職能。

自我領導職能在整個個人管理體系的重要性，在於它回答了「去哪裡」「做與不做」等關鍵性問題，因此，它在個人管理的問題上具有戰略意義。自我領導總是站在戰略的高度統領全局，每當我們在人生選擇中感到迷茫時，自我領導將帶領我們破解迷茫。在這一章我們將不斷挖掘領導行為的本質，尋找個人領導的有效途徑，通過學習來提高我們的自我領導的能力。

如何看待組織領導與個人領導？在任何組織中都一定存在著領導者與領導行為，由於組織領導與個人領導的責任不同，所以他們率先關注的重點也不同。前者以實現組織目標為基本前提，後者以實現個人目標為基本前提。我們每個人都會去追求個人的成功，無論是組織領導者還是個人領導者。在現實生活中凡是優秀的組織領導者一定是卓有成效的個人領導者，他們在這一點上是一致的。只有二者相互補充，將二者相統一的領導才能夠真正實現卓有成效的管理。

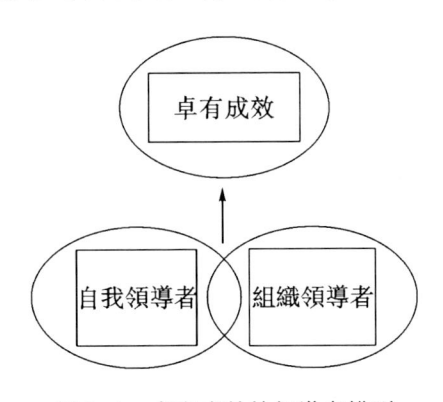

圖 2-1　卓有成效的領導者模型

有效的自我領導實際上是組織領導者領導能力的體現，真正能夠自我領導的人一定具備影響力，我們也可以稱之為「領導力」，這樣的影響力是正式權力無法實現的。

個人管理的邏輯

或許你從未意識到，但事實上我們每個人一直在執行著自我領導的職能。認知領導情景是我們提升自我領導能力的第一步，當我們意識到這樣的問題時，我們已經開始在提升自我領導力了。

關於自我領導的情景，我簡單地分為以下「三種情景」：無為而治、改革與革命。這三個情景貫穿了我們的一生，它們圍繞著我們不斷變化。比較幸運的是它們在一定時間內具有穩定性，讓我們有時間去適應或者去改變這樣的情景。

「無為而治」強調順勢而為。這個階段是人生中一帆風順的階段，不需要外界強迫性要求我們自我改變，沒有外部環境的壓力，我們能夠主動去適應和接受外部環境——不會產生抱怨的環境。我們的生活是一個良性的生態圈，我們能夠在這個階段得到滿足，實現自我價值。

「改革」說明存在著矛盾的積澱。這些矛盾可能來自於我們思維與行為的矛盾，可能來自於現實與理想的矛盾。我們不滿足現狀或者說自我意識已經發現我們存在問題，需要且能夠在現在的生活狀態下稍作改變，來實現自我內心世界的調節和平衡。

「革命」說明不論是外部要求還是自我生存都要求改變自我，我們被迫需要改變自己。這個時候已經達到了「不得不」改變的階段，矛盾與問題多而繁，自己已經陷入惡性循環的怪圈中難以自拔。《周易·繫辭下》中說「窮則變，變則通，通則達，達則久」，這正是對人生這一階段的詮釋。

自我領導者首先需要正確地認識這三個情景，對自己所處環境給出自己的判斷。在不同的自我領導情景中，我們的認識和行為是不一樣的。當然，對於那些不能夠正確判斷自我領導情景的人，或者說沒有認識到領導情景的人，那麼他們的自我領導一定無甚成效。愛因斯坦曾指出「發現問題比解決問題更為重要」，認識自己所處的領導情景比我們毫無頭緒地自我領導更為重要。在《現代有效領導論》開篇，彭柏林這樣寫道：「審時度勢為為政者第一要務。」這裡的審時度勢就是領導

對於所處管理環境的判斷,天才領導者對於管理環境有著特別的敏感度,能夠把握管理環境並作出正確判斷。現實中我們沒有必要刻意去改變我們的生活,因為改變意味著風險,我們有效的自我管理是為了獲得幸福與快樂,而不是尋求生命的刺激。

意識與行為的辯論

我們之所以去尋找我們生活的意義,那是因為我們具有意識;我們之所以能夠去實現我們生活的意義,那是因為我們具有行為。意識與行為常常是我們生活中不可或缺的兩個部分,行為是由意識指導著無疑,但二者卻常常發生衝突。

意識:我們的指揮系統

意識一詞源於拉丁文「consciencia」,意即「認識」。人區別於一般動物的根本原因在於我們不是單純地受生理需求的驅動,更重要的是我們具有意識。任何行為在產生之前,都需要經過我們的大腦,尋求意識的支撐。意識系統十分複雜,至今仍有許多未解之謎。研究者以個人行為為判斷依據,將意識分為兩類:潛意識和顯意識。

我們的任何行為都可以在這兩類中找到意識的原點,我們有意識、有目的性的行為是我們顯意識的表現,然而我們長期的未被我們注意的行為是潛意識的表現。以讀書為例,我們為了解決「什麼是自我管理」這一疑問,翻閱查找書籍資料這是屬於顯意識的行為。當一個人有閱讀習慣後,我們並沒有意識到我們為什麼讀書,卻一直堅持長期閱讀這就

是潛意識的行為。關於意識的來源，部分來自遺傳，但絕大部分意識來自於后天。

「抓周」是古代在小孩周歲時舉行的一種預測小孩前途的儀式。在《紅樓夢》中就有「寶玉抓周」這一情節，講述的是賈寶玉在滿周歲時，賈父讓其抓周時，布置了許多抓周的物品，如書籍、劍、笏板、官印這些東西，放在最遠處的一般是家長不希望孩子抓到的，但賈寶玉卻抓了女人用的釵環胭脂。所以賈寶玉的父親（賈政）從小就認為賈寶玉是個好色之徒，非常不喜歡他。這也為《紅樓夢》最后的悲慘結局埋下了伏筆。小孩選擇東西的背後有著原始的意識，正是這種意識的存在使賈寶玉選擇了女人的釵環胭脂，而不是其他物品。這裡需要注意的是賈政的意識，賈政認為寶玉是好色之徒，他受封建迷信的毒害在意識中開始給自己灌入並接受「賈寶玉是個好色之徒」這樣的意識，長此以往這就由顯意識變成了潛意識，這樣的轉變是因為賈父經歷了長期的心理暗示。在學校的時候，教授每講到心理暗示的時候，都要求我們慎用，積極的心理暗示可以獲得正能量，而消極的心理暗示危害是非常大的，如長期使人陷入自卑等問題。

意識的形成是一個長期的過程。在這個過程中，個體會受到個人經歷、家庭環境、社會環境的影響，接受教育也是意識形成的一種途徑。我把意識形成的來源稱之為「意識源」，意識源是非常開放廣闊的，然而意識行為卻是圍繞著我們個人展開的。意識是對「意識源」的認知，在這樣的基礎上產生意識行為。

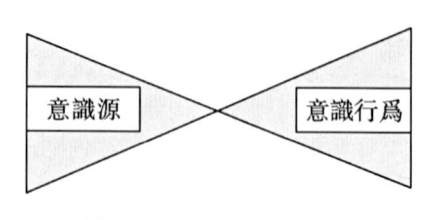

圖 2-2　意識「漏斗」圖

作為自我領導者，首先要接收良好的意識源環境，培養積極的、有

助於領導職能發揮的意識，這樣才能夠產生有效的自我領導行為。自我領導者需要多學習、多看他人如何自我領導，從成功者身上學習經驗，從失敗者身上汲取教訓。間接的案例學習是在別人經歷中思考、總結，從而形成自己的意識。同時，自我領導者要擅長反思自己的經歷，正如馬克·吐溫所說：「歷史不會重複，但總會驚人的相似。」通過對自我經歷的反思，意識能夠得到更深層次的調整，對自我的影響會更大。事實上，隨著現實生活中我們的任何一次重大失敗，意識都將會做出重大調整。

作為自我領導者，需要具備轉變顯意識為潛意識的能力。一個人顯意識的形成是非常容易的，讀一本書、看一場演講都可以影響你的顯意識。顯意識是初級意識，你很容易理解顯意識的行為，因為它常常以事件為中心，目的性強、時間短。潛意識與之不同，它的形成需要長期的過程，並且通過自我暗示深化。我們可以從眾多事件中發現相似的規律，而這樣的規律正是潛意識對人行為影響的結果，潛意識行為重視行為的意義而非目的。有研究指出潛意識顯意識力量的 3 萬倍以上，自我領導者需要把正確的顯意識轉變為潛意識，然而顯意識是可以通過自我暗示轉變為潛意識。在任何領域有著天賦的人，他們都擅長把有效的顯意識轉變為潛意識，並使潛意識直接幫助他們理解和解決他們所面對的問題。

第一意識：價值觀

在生活中我們會去有選擇地做哪些事、不做哪些事，當然時間有限是原因之一，但這不是最重要的原因，當我們的意識形成后對事物會有自己的思考和判斷，這就是價值觀。我們會基於我們的意識確定哪些東西對我們是有價值的，哪些東西對我們是沒有價值的。我們每個人都有

自己的價值觀，不論是否被外界所認可，這點都無法改變。

行為管理學家格雷夫斯把價值觀分為 7 個等級：

第一，反應型：這種類型的人並不認為自己和周圍的人類是作為人類而存在的。他們是照著自己基本的生理需要做出反應，而不顧其他任何條件。這種人非常少見，實際等於嬰兒。

第二，部落型：這種類型的人依賴成性，服從於傳統習慣和權勢。

第三，自我中心型：這種類型的人信仰冷酷的個人主義，自私和愛挑釁，主要服從於權力。

第四，堅持己見型：這種類型的人對模棱兩可的意見不能容忍，難以接受不同的價值觀，希望別人接受他們的價值觀。

第五，玩弄權術型：這種類型的人通過擺弄別人，篡改事實，以達到個人目的，非常現實，會積極爭取地位和社會影響。

第六，社交中心型：這種類型的人把被人喜愛和與人善處看得重於自己的發展，受現實主義、權力主義和堅持己見者的排斥。

第七，存在主義型：這種類型的人能高度容忍模糊不清的意見和不同的觀點，對制度和方針的僵化、空掛的職位、權力的強制使用，敢於直言。

在自我管理體系中我並不把有效的自我領導者所持有的價值觀，歸納於格雷夫斯 7 個價值觀等級中的任何等級。我認為價值觀是一個人對於人性的思考和總結，同時會也受到環境因素的影響，使得價值觀具有可變性。我認為價值觀可以分為三個等級：

第一：原始的價值觀，單純的「性善論」。這個階段的人處於理想的狀態，未經受過外界打擊，不論是外在接收的還是內在原始的都認為人性是單純向善，這個世界很美好，持有這種價值觀的人屬於理想主義者。

第二：社會的價值觀，「性善論」與「性惡論」的集合。這個階段是人具有社會經歷之后，遇到挫折之后變得能理性地看待人性的優點和

缺點，持有這種價值觀的人是理性人。這種人常以「性善論」要求自己，「性惡論」看待別人。

第三：個人的價值觀。這個階段是每個人由於家庭環境或者成長經歷的不同，會側重地偏向於「性善論」或者「性惡論」，這樣形成個人的價值觀，我們大多數人持有這種價值觀。這就不難理解為什麼我們看到一些人很受傷，一些人老是傷害別人。

價值觀的形成是一個長期的過程，在中國春秋戰國時期，針對這一問題的解答著有許多學說。但「性善論」與「性惡論」仍是主流，直到東漢佛家學說流入，因果循環論才讓這二者不再爭執。在今天看來，性善論是對人性優點的總結，性惡論是對人性缺點的審視。認識你自己，從根本上講，就是認識自己具有哪些人性的優點和缺點，從對自我的審視，再到對整個社會人性的思考。

自我領導者的價值觀並不是忠於表達正面價值取向，而是能夠理性地認識自我，發現自己身上人性的優點與缺點，這樣有助於自我溝通和理解，這樣的自我領導才是有效的。如果陷入「性善論」與「性惡論」的誤區，那麼就會因無法理解自己而常常陷入痛苦，從而影響自我領導職能的發揮，因此這要求有效的自我領導者是一位理性的人。

成功不可或缺的意識：願景

從對成功者的觀察中你會發現，他們身上有許多共同的精神，如善於規劃、不畏困難、堅持不懈、善於學習等，這些精神的背後有著一個支點，那就是願景。願景是對未來的想像，這種想像的空間使得成功者們遇到困難時選擇堅持；這種想像的空間促使成功者們規劃自己的人生；這種想像的空間才是真正激發成功者們不斷進步的源源動力。

自我領導者需要建立自我願景。管理學家彼得‧聖吉在《第五項修

個人管理的邏輯

煉》中提到個人願景，他這樣寫道：「我的願景對你並不重要，唯有你的願景才能激勵自己。」① 個人願景的構建使你更像一名設計師，自己設計著自己的命運，這也正是自我領導職能的體現。願景（vision）在牛津字典中的定義是：「人們所夢想的、超現實、如幻覺般的影像。」個人願景的構建需要你看得比別人多，看得比別人遠，看到未來的自己。

有這樣一則故事，這也是國內常被人所提及關於願景的故事。在一個建築工地上，有三個人。有人問：「你們在幹什麼？」第一個人沒有好氣地說：「沒看見嗎？砌牆！我正在搬運著那些重得要命的石塊呢。這可真是累人呢……」第二個人抬頭苦笑著說：「我們在蓋一棟高樓。不過這份工作真是不輕鬆啊……」第三個人滿面笑容開心地說：「我們正在建造一座新城市，我們現在所蓋的這幢大樓未來將成為城市的標誌性建築之一啊！想想能參加這樣一個工程，真是令人興奮。」十年后，第一個人依然在砌牆；第二個人在辦公室裡畫圖——他成為了一名工程師；第三個人，是前兩個人的老板。

我們每個人每天可能做著同樣的事情，但由於願景的不同最終達到的效果也不一樣。第一個人沒有願景導致十年之后還在砌牆，第二個人和第三個人由於構建了個人願景並付諸努力，最終成為了工程師和老板，這就是願景的力量。宏碁集團創始人施振榮先生曾指出，願景好像是一種夢想，但是是可實現的夢。願景不是一個目標，而是值得大家長期去追求的理念。個人願景是一個人持續發展的內在動力，但不是每個人都有個人願景，個人願景也不具有相似性。值得慶幸的是個人願景是可以建立的，不論性別、年齡、財富的差異，當我們自己拷問自己內心，十年、二十年、三十年以後的自己會是怎樣？這些答案將幫助你建立個人願景。

---

① 彼得・吉. 第五修 [M]. 郭 隆, . 上海：上海三 店, 1994: 243.

個人願景的構成是個人價值觀、目標、環境三者有機結合的結果。個人價值觀直接反應了我想成為怎樣的人，目標是我為實現我要成為的人將作出哪些努力，環境將為實現個人願景提供可能。個人願景對人內心驅動的程度不同，每個人所取得的成就是不一樣的；個人願景的差異性讓不同的人參與到社會的各個領域並獲得成就。

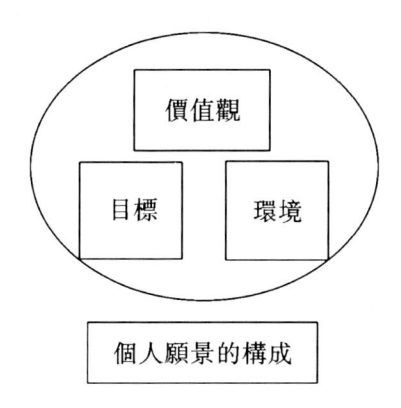

圖 2-3　個人願景的構成

關於個人願景，管理思想家史蒂芬·科維在他所著的《高效能人士的第八個習慣》中這樣描述：「最重要的願景是發展一種自我意識，一種對自己的目標意識，一種對於自己在生活中的獨特使命和獨特角色的意識，一種關於目的和意義的意識。」[1] 這最重要的願景正是個人願景，科維還給出了測試個人願景的方法：詢問自己的內心這個願景是否能夠喚起我的內心，給予我一種內心的召喚。建立願景的意義正如科維所說，為了喚起我們的內心，我們能夠持續圍繞願景設立目標並完成它。

瞭解自己的內心，設計自己的願景，在願景的框架下設計自己的目標，這是有效的自我領導。個人願景的建立使我們找到生命存在的意義，只有這樣生活才變得更有意義，而不是碌碌無為。

---

[1] 史蒂芬·柯．高效能人士的第八　　　[M]．允明，王亦兵，梁有昶，．北京：中　青年出版社，2010：71．

自我領導所必備的四種思維

每個人由於經歷和環境的不同，所產生的思維模式也是不同的。每個人都具有自己的思維模式，思維模式主導著我們每個人的行為，我們行為的差異本質上源於我們思維模式的差異。要成為一名有效的自我領導者，我們需要怎樣的思維模式？正確的思維模式是通過時間長期養成的，我們需要有意識地培養自我領導的思維模式。實質上，管理不論是作為研究還是實踐，思維模式遠遠比所謂的「原則」重要。

產生有效的自我管理，有效的自我領導是前提。領導職能在整個自我管理過程中的發揮需要個人具有「系統思維、戰略思維、變革思維、執行思維」，只有我們的思想得到了昇華，才能夠更有效地自我領導。

系統思維：全面、系統

系統思維是一種具有整體性的思維方式，系統思維能夠使我們在面對複雜事物時，採取理性的分析，基於分析給出問題的解決方案。根據事物的複雜程度，系統具有簡單和複雜的區別。對於系統思維一般的個人管理不需要研究型的理論，而需要的更多是適用型理論。研究型的系統理論雖然精細通透，更有利於解決疑難雜症，但是對於常人來說十分難以理解。

我們所需要的思維方式不需要那麼難以理解，我們所需要的系統思維是為了避免我們片面思維。對於系統思維我建立了「點—線—圓—球」型的一般結構便於大家理解系統思維在自我管理中的運用。

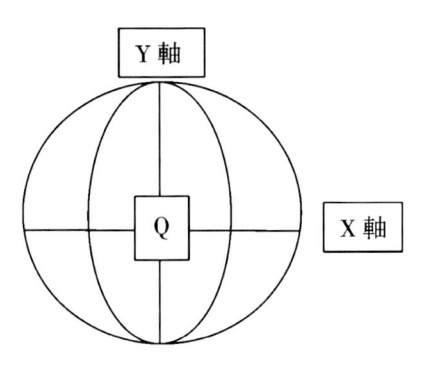

圖 2-4　系統思維初級模型

在這個模型中，球的中心（Q點）即是問題（思考）源，由問題展開可以分為 X 軸和 Y 軸。X 軸代表與問題相關的因素和環境，這些因素會形成一個 X 面；Y 軸表示這個問題背後深層次的問題，同時這些因素會形成一個 Y 面。球狀表示 X 面與 Y 面相互作用，系統看待一個問題。這也正是自我領導需要的一種能力，簡單問題複雜化，像研究者一樣思考。

系統思維是為了解決問題而誕生的一種思維方式，這種方式只是為了更全面地認識問題。在自我管理的過程中，我認為問題可以分為兩大類：第一，我們已經出現的問題，這些問題需要我們及時解決；第二，尚未出現的問題，這些問題大多來自於我們對將要做的事情的假想和預期。

系統認識問題的本質是為了解決問題，我們需要這樣思考。因為只有我們像剝洋蔥式地把問題一層層剝掉外層之後，我們才能夠發現問題的實質。個體作為自我領導解決問題時需要像斯坦門茨那樣，為解決福特公司電機問題，為得出最后「減少 6 圈線圈」的結論，畫了 9999 條線。電機的問題要求斯坦門茨必須具有系統思維，然后一步步剖析得出最后的解決辦法。然而管理的問題與機電的問題不同，管理問題的解決非常具有靈活性，管理作為一門資源配置學科，所做的大多數是大於與小於的運算，而不是等於。做好自我管理需要自我主動地對問題進行系

個人管理的邏輯

統思考，只有這樣才能從根本上解決管理的問題。

戰略思維：願景　競爭

　　戰略一詞源於希臘語中的動詞 stratego，意思是「通過有效利用各種資源來籌劃敵人的毀滅」。戰略首先應用於軍事領域，中國《孫子兵法》的作者孫武和西方《戰爭論》的作者卡爾・馮・克勞塞維茨是被公認為中西方最早系統論述戰略的先驅。研究者通過對商業活動的分析發現一些早期的企業政策開始演變為企業戰略，期間它經歷了多次脫胎換骨的變化：1962年美國管理學家錢德勒在《戰略與結構》一書中率先將戰略這個軍事用語運用於公司管理；1965年美國專家安索夫發表了成名作《公司戰略》，戰略一詞進入企業領域；1980年邁克爾・波特在《競爭戰略》一書中提出「五力分析模型」對全球的企業戰略分析與制定有著深遠影響，直到今天仍有許多研究者不斷投身於「企業戰略」領域。

　　戰略是管理過程的重要組成部分，戰略制定的根本目標是為了應對激烈的競爭環境。日本著名戰略學家大前研一關於戰略曾這樣說道：「如果沒有競爭對手，就沒有必要制定戰略。制定戰略的唯一目的是使公司盡可能有效地比競爭對手佔有持久優勢。」達爾文在《物種起源》中表達了「物競天擇，適者生存」的觀點，競爭是考驗適者的唯一途徑。心理學家弗洛伊德說：「人類的兩大原始慾望是性欲和攻擊欲。」個人在社會上的存在不論是從生物學還是心理學和管理學的角度，都需要參與社會的競爭，這點無法逃避。按照現代戰略管理的意義，個人面對競爭需要制定個人戰略。作為有效的自我管理者，需要競爭意識，需要戰略思維，只有這樣我們才能夠勇於面對競爭。

　　安德魯斯所提出的「SWOT」戰略分析模型被廣泛應用到企業的戰

略制定過程，目前在職業生涯規劃中「SWOT」分析方法也用於個人的競爭力分析。我們需要注意的是「SWOT」分析傾向於對組織或者個人的現狀（競爭力）分析，作為一種分析方法它本身沒有從內容上提出戰略目標。自我管理者需要從「瞭解現狀—明確定位—關鍵優勢—分析環境」四個維度建立個人戰略。

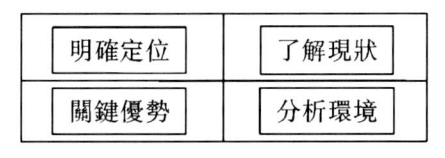

```
| 明確定位 | 了解現狀 |
| 關鍵優勢 | 分析環境 |
```

「CPSE」模型

現狀: current situation
定位: position
優勢: superiority
環境: environment

圖2-5 「CPSE」分析模型

瞭解現狀是自我管理者建立個人戰略的前提，瞭解自己所處的階段和狀態對於戰略定位和目標設置有著至關重要的作用。不瞭解現狀的人容易過大或者過小地設定目標，在不瞭解自己的情況下胡亂定位，這樣的戰略毫無意義。個人戰略定位需要瞭解自己的關鍵優勢，所謂的關鍵優勢是最終造就你核心競爭力的關鍵因素。在瞭解自己關鍵優勢的基礎上，我們需要分析環境帶給我們的優勢和劣勢，即所謂「順勢而為」「時勢造就英雄」。

變革思維：勇敢 創新

自我領導的三種情景（無為而治、改革、革命）對於每個人管理自己都是挑戰，當順風順水時一般人不會認識到自我管理的重要性。當面臨逆境時，我們才會靜下心來思考自我。在自我領導的三種情景中

個人管理的邏輯

「無為而治」和「革命」都是極端的狀態，前者我們可以選擇隨遇而安，后者我們不得不改變自己。有效的自我管理與一般的自我管理的差異在於：有效的自我管理重視「改革」情景，在需要自己「改革」時善於找到一個合適的機會，通過創新途徑來昇華自我。

　　這個世界唯一不變的就是變化，有效的自我領導者需要具備不安於現狀的品質。這樣的人時刻具備危機意識，善於觀察和認識這個世界，勇於創新和改變。變革思維是有效自我管理者具備的基本思維之一，變革思維最難的在於運用。我認為任何「變革」或者「革命」都需要找到一個恰當的「臨界點」，對於「革命」情景這個點非常明顯，矛盾聚集從量變到質變的那個點就是「革命臨界點」。變革之所以困難在於我們很難在一個恰當的時機主動改變，我們想改變與適合改變的機會難以契合，這才是對於有效自我領導者的真正挑戰。

　　當我們發現自己的問題的時候，馬上改變不一定能夠獲得好的效果。有效的自我領導切忌急功近利地改變自己，因為當我們發現自己的問題的時候情緒上容易激動，這個時候處理問題往往缺乏理性。變革需要冷靜，冷靜讓我們從本質認識問題，理性地解決問題。這與革命情景是完全不同的，前者來自於個人主動自發，後者來自於外部環境的壓力。變革的目的是為了尋求持續健康發展，而不是為了解決當下最迫切的問題。

　　對於有效的自我管理者，變革實際上是一種常態，他們總是在不斷尋找突破，思考如何從優秀成為卓越。創新成為了從優秀到卓越的可行之途，個人的任何突破都依賴於創新，這種創新可以是個人原來基礎上的微創新，也可能是完全突破的獨立創新。「變革」和「革命」情景都容易刺激創新的產生，這種創新可以是問題解決方法的創新，也可以是個人涉及領域的探索。這種現象最常見於娛樂圈，一個歌手可以通過選秀節目獲勝，不斷突出自己的歌唱特色在歌壇占據一席之地，隨之將通過「變革」參與到演藝事業或者寫作，成為一名演員或者作家，這樣

通過變革實現全方位多元化發展。競爭越激烈的領域，個人管理的變革意識越強，有效的自我管理永遠屬於那種勇於面對競爭，善於突破自我的人。

執行思維：具體　細緻

在自我管理體系中，個人作為管理的主體和客體，集領導職能與管理職能於一身。這說明實現自我管理不僅僅需要戰略思維和領導思維，更需要我們通過實踐把意識變為行為。日常生活中我們的自我管理以「事」為中心，我們需要解決具體的事務，這要求我們具有執行思維，腳踏實地地幹實事、幹成事。執行效果的好壞將最直接地影響個人管理的成效。

我們總會去思考「我們去哪裡」和「怎麼去」的問題，這兩個問題即戰略思考與戰術執行貫穿任何管理過程。但事實上，我們很少有人能夠真正把二者結合起來。

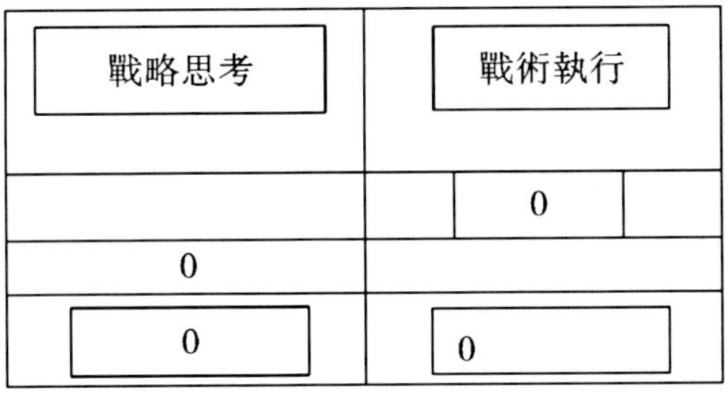

戰略思考	戰術執行
	0
0	
0	0

圖 2-6　執行思維的三種情況

有效的自我管理者是能夠將二者結合起來的人。個人管理不同於組織管理，在組織中戰略與戰術可以割分給不同的職能部門執行，而個人需要自己執行戰術來實現目標。組織目標沒有得到完成的原因可以歸納為：戰略的制定者與執行者之間缺少溝通、戰略制定本身就是錯誤的、

個人管理的邏輯

部門員工個人的執行能力不足等。組織目標沒有完成與個人目標沒有完成最根本的原因在於：組織戰略與戰術之間存在著一條鴻溝，就是這樣的一條鴻溝為最終的結果提供了眾多借口。個人管理沒有組織管理的複雜程度高，且由於戰略思考與戰術執行同源，我們沒有借口從外界為自己的執行找借口。

在個人管理中導致最終執行不理想主要有兩大原因：

1. 個人缺乏執行力

（1）懶惰。

這樣的情況是普遍存在的，從人的本性來講每個人都具有惰性，我們並不是不知道做什麼，而是我們根本不想做一些事。其中，包括間接性懶惰行為，如缺乏堅持做一件事的恒心，像「猴子掰苞谷」一樣。

（2）沒有規劃。

沒有規劃也是個人執行能力缺失的表現，當一個事情擺在面前，我們缺少詳細的規劃，沒有明確的時間控製，時間到了任務沒有做完。以時間管理理論為代表的最初的自我管理就是為了能夠提高個人的執行力，通過時間的控製來管理自我。

（3）缺乏專注。

沒有專注將不會深入，做事情不專注直接影響我們所做事情的質量。我們不能夠發揮潛力，出色地完成任務，這也是為什麼不是每個人都出色，企業中不是每個員工都是優秀員工的原因。

（4）不細緻，不具體。

個人管理對「事」有規劃是不夠的，要確保「事」能夠分解得十分細緻，具體到每一步的操作。當我們搞清楚為什麼的時候，我們只需要像傻子一樣一步步執行。具體體現為能夠讓我們知道下一步做什麼，如在工作中會遇到這種情況：我知道明天要做什麼，當我第二天到辦公室時我該怎麼做呢？我該從哪裡做起？這樣的疑問。

2. 戰略的問題

（1）沒有戰略。

當我們不知道為什麼學習，為什麼工作時，我們不是像傻子一樣執行，而是就是傻子。我們不知道所做事情的意義時，我們的執行變得機動且盲目。個人管理者中存在這類人，他們缺少思考，他們具有執行力但是這種執行力不會激發他們的內心，這種執行力也是表面的，它只能達到合格的標準，而無法超越。

（2）戰略不清晰：有等於沒有。

現實生活中存在部分這樣的人，他們知道自己喜歡什麼，知道自己要去哪裡。或許是現實所迫或者其他原因，他們無法做自己喜歡的事。這樣的人具有個人戰略，戰略與執行完全匹配，他們應付著現在的工作崗位。這也不會產生好的執行力，這也是為什麼現在人力資源呼籲個人尋求自己的內心，做自己喜歡的事的關鍵原因。

我們為什麼需要選擇

在管理學中，選擇即決策，這是每個人都會面對的問題。我們每個人都能夠做選擇，關於會不會做選擇，這依然是一個問題。「決策」一詞事實上拉開了管理與大眾的距離，我們每個人都會在生活中做出選擇，而長期以來管理學者一直沉浸於挖掘組織領導者如何做決策的問題。大眾仿佛離管理學很遠，事實上我們的行為告訴我們，我們無時無刻不在進行自我管理，或許我們只是缺乏一定科學的管理理論。在這裡，我將挖掘出決策的本質，從管理學的角度談個人決策的問題。

決策是領導理論中非常重要的職能，無論是在組織管理還是個人管理中都是如此。在傳統的管理中，只有組織的領導者才有機會認識決策

個人管理的邏輯

和學習決策的方法,而個人管理將使這一切變為可能。管理學家弗雷德蒙德・馬利克在《管理成就生活》中這樣說:「凡是從事管理工作的人都是管理者,誰執行了實際的管理任務誰就是管理者。」①。在自我管理中我們每個人都是自己命運的掌控者,有自己決定自己命運的權利。你至少領導著你自己,我們每個人都需要瞭解「什麼是決策」「如何有效的決策」這些問題。

談及管理決策,我們需要認識一位對決策理論有著極深研究的管理學家——卡內基梅隆大學的諾貝爾獎獲得者赫伯特・A. 西蒙(1916—2001)。西蒙幾乎已經成為管理中決策的「代名詞」,這要歸功於他對決策理論的貢獻。西蒙主要有三大貢獻:第一,「管理即決策」,他把決策從管理的角落提到了空前的高度。第二,決策的有限理性,他認為人的理性是有限的,常介於理性與非理性之間。管理環境和管理者行為也會影響決策質量。第三,滿意原則,西蒙認為由於受到決策者的有限理性,任何決策都不是完美的,我們最終的選擇只是「足夠好的」和「令人滿意的」。

決策的本質是選擇,自我管理中的個人決策與組織決策最大的區別在於存在「無意識」決策。組織的決策並不是個人的事,無法逃避決策這個環節,個人管理中的決策是個人的事,我們可以無意識決策或是不作為地應對事物變化。有效的自我管理者是有意識的決策者,他們面對問題時會在有限的理性下選擇合理的方案。其次,個人決策的質量是對一個人洞察力和決斷力的考驗。個人決策隨處可見,我們無法逃避,即使你沒有決策意識,它並不會因為你的逃避而消失,無意識決策也是決策,正是這種決策往往給個人帶來負面作用。

在生活中我們會隨時面對選擇,「選擇讀什麼書」「去哪裡旅行」「選擇什麼專業」「選擇什麼工作」等,不論怎樣我們將最終給予這些

---

① 弗雷德蒙德・ 利克. 管理成就生活 [M]. 李 ,等, . 北京: 械工 出版社, 2008: 15.

問題答案。決策的存在是因為問題的存在。我們的生活需要我們去解決一些問題，我們需要認識到由於這些問題的緊迫性和重要性的不同，我們可以把個人決策分為兩類，即戰略型決策和事務型決策。對於不同性質的個人決策，我們需要考慮其不同的資源（時間、空間等）因素，如戰略型決策需要我們耗費大量的時間，深入認識自己和周圍環境；事務型決策更多考慮的是在有限的時間內完成這件事。

人生就是一個不斷選擇的過程，我們選擇我們要成為怎樣的人，我們選擇怎樣成為這樣一個人。以諸葛亮為例，我們可以看看諸葛亮如何進行個人的戰略性決策。《三國演義》我想大家都略有瞭解，在《三國演義》中羅貫中幾乎把諸葛亮神化。在歷史上諸葛亮的確是很了不起的人才，但是諸葛亮出山時 26 歲。在這之前，他在幹什麼呢？《出師表》這樣說道：「臣本布衣，躬耕於南陽，苟全性命於亂世，不求聞達於諸侯。」這是諸葛亮出山前的狀態。「每自比管仲、樂毅」，這說明了諸葛亮是知道自己的才能的，那麼他為什麼 26 歲才出山呢？據易中天教授在《品三國》中分析，諸葛亮既有志向，又有能力和條件。諸葛亮有好的背景，屬於「幹部子弟」，並且還是荊州太守劉表的親戚。諸葛亮還有徐庶、司馬徽、龐德公這樣的名士為友。有這麼好的關係網，如果諸葛亮當時想從政，謀求一官半職是很容易的事。但是他沒有，因為他是一名有遠大志向的人才。

諸葛亮對自己的定位並非是一般的太守、刺史等為官一任、造福一方的位置。他的理想是「輔佐賢明，平治天下」。三國諸侯紛爭，可謂諸侯雲集，他卻選擇了劉備。這就是他對自己命運的戰略決策，這也體現了諸葛亮的洞察能力以及決策能力。諸葛亮要達到的不是「見用」而是「重用」甚至「專用」。當時時局之下，只有選擇劉備才能夠人盡其才。從后來劉備的成功看，諸葛亮的戰略決策是明智的，他因為劉備集團的成功實現了自我價值。

個人管理的邏輯

那麼諸葛亮是如何做「事務性決策」的呢？他是怎樣一步步成為了蜀國丞相的呢？諸葛亮是一個很有特色的仕人。「事必躬親」是諸葛亮為仕的主要特點，直到他位居丞相都是這樣的習慣。正可謂為蜀國江山鞠躬盡瘁死而后已。在劉備「三顧茅廬」之後，諸葛亮已經把他個人融入了劉備的集團中，在劉備的集團中充當總設計師的角色。說到諸葛亮的事務性決策不得不談談「孫劉聯盟」的締結。雖然對兩大政治集團來說，「孫劉聯盟」是戰略性決策，但是我認為對於諸葛亮本人來說，這只能算事務性決策。

諸葛亮構建「孫劉聯盟」，表現了他對整個時局把握的才能。對他個人來說，這為后來能夠在三足鼎立的局面中成為蜀國的丞相，做了很好的準備。在《三國演義》中諸葛亮在促使「孫劉聯盟」形成的重要一章是「諸葛亮舌戰群儒」。在這一章中諸葛亮體現了大氣的風格、伶俐的口才、非凡的智慧，個人能力也體現得淋灕盡致。雖然，《三國演義》中許多章節表現了諸葛亮的軍事才能，但是，我認為這章極具代表性。在諸葛亮促成「孫劉聯盟」結成的過程中，他充分展示了自己的才能。若當時劉備旗下的其他人去促成「孫劉聯盟」，成功的概率很小，幾乎不可能，這也正說明了諸葛亮處理事務的能力。

對於個人管理而言，我們做戰略型決策與事務型決策，需要把二者緊密結合。當我們選擇做貼近我們戰略目標的事務時，我們的效能才能得到大幅度提高。我們很少思考個人戰略問題，因為一旦戰略目標確定，在一定時期內它具有穩定性。但我們幾乎每天都在做事務型的決策。大多數的事務性決策都是程序性的，程序性的個人決策只能使我們維持現狀，真正對於我們個人起決定性作用的事務型決策少之又少。

個人決策不可能達到最優，那麼是什麼因素影響我們的個人決策呢？我認為主要有兩大因素：第一，環境因素；第二，個人因素。

作為社會的人，我們的任何選擇都受到環境的干擾，並且最終我們

的決策也需要在具體的環境中實現。環境意味著變化和不確定性，決策需要認識外部環境的變化，這對於個人管理是不可抗因素。有關個人決策的環境主要指兩個環境，一是我們所處的地域環境或者物理環境，還有一個就是我們的人際環境。不同的人在同一環境中會存在不同的決策，這要依賴於個人的價值觀、能力和對待風險的態度。我們持有怎樣的價值觀，會決定我們更傾向於怎樣做事。

假如你面臨這樣的問題：你一年賺取了100萬人民幣，實際上你並不需要這麼多錢，你會選擇怎麼花這筆錢呢？方案一，拿出50萬元做慈善，把這部分錢用於社會公益事業。方案二，拿出50萬元做投資，買基金買股票，讓「錢生錢」，增加自己的財富累積。持有不同的價值觀的人對二者的選擇是不一樣的。個人能力的不同對於問題的認識深度也不同，對信息的處理能力也不同，一般來說一個人對問題的認識越深入，決策的質量越高。個人能力可以通過學習來提高，從而提高決策力。對待風險的態度大多與我們的性格有關，有人喜歡冒險，有人選擇保守，這些都是正常的。

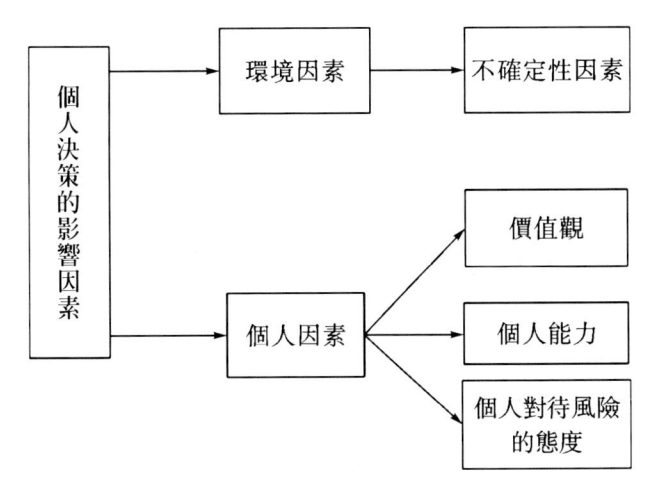

圖 2-7　個人決策受影響分析

個人管理的邏輯

關於個人決策我們需要注意的是，我們可以通過經歷或者學習來提高或降低個人因素對於決策的最終影響。

決策不是簡單的「做選擇」，決策是一個過程，做選擇只是這個過程中最關鍵的一步。在決策的過程中我們一般會經歷以下幾個步驟：發現問題、明確目標、擬訂方案、篩選方案、執行方案、評估結果。

在個人管理中，個人決策有三點容易被我們所忽視，第一，難以發現問題。發現問題比解決問題更重要，現實生活中我們要麼難以發現問題，要麼發現的問題單一。沒有發現問題是我們個人缺少對事物的觀察力；發現的問題單一是由我們的思維模式引起的，我們缺少對事物的系統分析能力，許多思考只是停留在問題的表面。第二，不注重擬訂方案和篩選方案。由於我們對問題缺少系統分析，個人決策很多情況下都是「一對一」的形式，一個問題一個答案，沒有所謂的替代方案，直接忽視掉了篩選方案的這個環節。第三，沒有評估。社會中的我們存在急功近利的心態，我們很多時候只注重問題的解決，然后匆忙去解決下一個問題，忽視了對決策的結果評估。這樣下來一般的個人決策過程就變成了發現問題、明確目標、執行方案三步走。

有效的個人決策的過程：

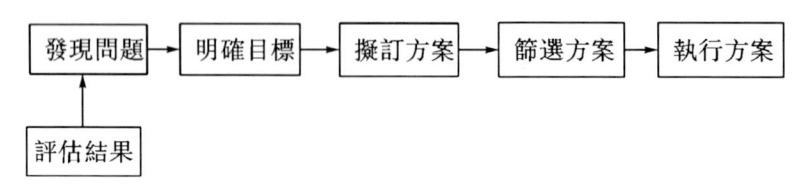

發現問題 → 明確目標 → 擬訂方案 → 篩選方案 → 執行方案

評估結果 → 發現問題

無效的個人決策過程：

發現問題 → 明確目標 → 執行方案

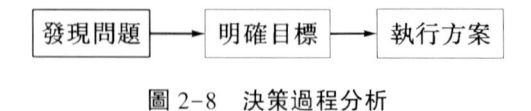

圖 2-8　決策過程分析

要做好個人決策就需要具有組織決策的思想，認真對待決策的每一個環節。無效的決策往往是感性和衝動的結果，有效的個人決策需要我們不斷學習和經歷，從而提高個人能力抵抗環境的不確定因素。決策是「有限理性」的結果，我們需要理性的選擇。在有些人的個人決策中存在正確的「直覺」決策，這些人並不是天生就能夠通過直覺思維作出決策，而是后天有深入的學習和實踐經驗之后，具非常強的個人能力，他們能夠準確判斷問題和制訂正確方案。當我們的「有限理性」達到一定高度時，我們會自動形成正確的直覺思維，制定個人決策將越來越高效。

尋找「黑天鵝」

計劃是一種具有前瞻性的規劃，它是我們在理想狀態下對於未來的一種預見。實施計劃的最大困擾不是我們的執行力不夠，而是我們對未來的不確定性。例如，在大學裡有一門課程深受大學生的喜愛──職業生涯規劃，這門課程系統教導我們如何認識自己的個性特徵、潛力等因素，在這之後我們的生活仿佛變得可以規劃，但當你學完這門課程進入社會之後，在學校裡的規劃好像又變得毫無意義。又如，個人職業選擇，現在越來越多的人認識到職業無法規劃，我們更多的是在認識自己，尋找自己的興趣點，讓興趣成為一種專長來應對這個變化的世界。

在這個世界裡總是有一些人去尋找事物發展的本源，我們將這類人稱之為「哲學家」。關於世界的不確定性的闡述，我比較讚同「世界唯一不變的是變化」這樣的說法。變化是事物發展的一種常態，哲學家赫拉克利特曾說：「人不可能同時踏進同一條河流。」變化無處不在。關

個人管理的邏輯

於未來的不確定性,「黑天鵝事件」常被人們作為典型案例在各種情況下被人們所提及。這個故事大概是這樣的:

在17世紀之前,歐洲人都認為這個世界只存在白天鵝,直到17世紀人們在澳大利亞發現第一只黑天鵝的存在,人們之前認為「只有白天鵝」的認識徹底被顛覆。后來,人們開始運用黑天鵝事件來說明不確定因素的存在,黑天鵝的存在寓意著很多事情我們難以預測。

變化是我們制訂計劃最大的困擾和挑戰。制訂計劃能夠使我們的目標具體化,從而把「高大上」的目標變得實際可以操作。變化所帶來的不確定因素是我們無法避免的,但這並不能成為我們不制訂個人計劃的借口。計劃在今天管理中的意義已經變質,或許當計劃文檔完成的那刻起,計劃已經無法與現實接軌,所以現在的計劃更像衡量變化的一個標杆。我們無法預見影響計劃執行的不確定因素,但我們能夠通過對個人經歷的研究和對現狀的分析,進而降低這種不確定性對計劃的影響力,使個人的計劃能夠適應變化。

生活中的不確定性大多數源於計劃實施環境的不確定性,環境的快速改變可能會導致原定的計劃已經不具備實施的條件了。計劃可以隨著環境的改變而進行調整,這樣的調整可能是對計劃實施的時間、方式以及原則的調整,但是這樣的調整都是基於個人願景下的調整。在現實生活中,我們發現並不是所有的目標都能夠按照計劃一步步實施,或許不確定的因素改變了原來計劃實施的關鍵點,使原來的計劃變得毫無意義,這個時候請追隨你內心的願景,尋找生命的意義和存在的價值。

命運有時候總是喜歡跟我們開玩笑。我們在找工作的前期一般會有自己的規劃,我們會圍繞目標確定計劃的原則,最初你想去一家中小企業,因為你認為中小企業可以與你一起成長,但后來由於不確定的因素,你到了一家外資的大企業。最初你想從事人力資源工作,但由於不確定因素,你成為了企業銷售部門的員工。最初你想找離自己家近的工

作，由於不確定因素，你最終還是選擇了離家較遠的工作。最終，你這樣的選擇或許是對生命的妥協，或許是你不夠瞭解自己的內心，或許你最終的選擇更貼近你的內心。當最初的計劃變得蒼白無力時，請問問你自己為什麼會有最終的選擇。

認識自己永遠是自我管理的基礎，有效的自我管理者是那些能夠從不確定因素中尋找規律的人。不確定因素是對於個人的不確定，個人能力的不同所面對的不確定因素也不同。學習是抵抗不確定因素的最佳途徑，當我們對這個社會的認識越深入，我們就能夠使他人眼中的不確定因素在我們眼中是確定的。因為除了物理性的不確定，生活中的大多數不確定來源於我們的無知。只有充分瞭解自己的內心，通過學習提高自己對於不確定性的認識，這樣個人所制訂的計劃才變得更有意義。

成為一個有魅力的人

在這一章我們提到了自我領導是個人管理的重要職能，高效能的自我領導者一定是一個擁有人格魅力的人。我們每個人都期待能夠在生活中成為一個有魅力的人，但總是常常被如何做人的問題所困擾。大學所接受的管理學教育告訴我們，領導者按照創新方式劃分可以分為：魅力型領導者和變革型領導者。在我看來，我們每個人都可以成為一個有魅力的人，有效的自我領導也需要我們變得具有人格魅力。

在組織管理中越來越多的領導者希望自己具有人格魅力，但是現實與理想總是存在著較大差距。在管理實踐中我們常常看到這樣的現象發生：正式領導常常受到下屬私下的憎惡，反而一些非領導職務的人更受人尊敬。這樣的正式領導缺乏人格魅力，本質上是因為這樣的領導者不

注重自身人格魅力的提升，不注重自我領導力的修煉。

在互聯網技術對傳統管理結構的衝擊下，古典授權式、命令式的領導方式已經很難適應互聯網組織的發展，未來的管理需要越來越多具有人格魅力的領導者和管理者。無論是要成為組織的領導者、管理者還是個人的成長，擁有人格魅力的人都能夠收穫良好的人際關係。良好的人際關係氛圍是我們獲得管理助力的必要條件。

我們很多情況下都是在做選擇，而非受先天條件的限制。有人說自己很難成為一個具有人格魅力的人，因為天生嚴肅，缺乏幽默感，總是給別人以距離感。實際上，類似這樣的說法都不正確。通過我的思考與個人經驗，我們每個人都可以成為一個擁有人格魅力的人，但你至少需要具備3點基本素養，如果你具備這3點素養，那麼你一定可以成為一個擁有人格魅力的人。

任何情況下尊重別人

任何情況下尊重別人，這一點很少有人能夠做到。人與人之間可能會存在一些先天或者后天的差異，但是作為一個人，無論對方怎樣我們都應該給予尊重。尊重別人就是尊重自己，但是現實的價值觀把人性的低劣表現得淋灕盡致。在生活中我們常說尊重是相互的，但是這實際上是將責任推給了對方，為自己的行為尋找合理的借口。任何人都渴望被尊重，包括自己。除了這點之外，我們還需要明白沒有人的成功是獨立的，雖然個人的成功是自己艱辛付出的成果，但是我們需要他人的幫助、尊重和認可。

付出

付出不等同於奉獻，常人很難到達無私奉獻的境界。付出我們每個人都可以做，但是仿佛在生活中也不是那麼理想。大多數人羨慕別人擁有人格魅力，而自己仿佛缺少了這種人格魅力，但絕大多數原因是因為不肯付出，特別是不計回報地付出。付出是一種態度，它的形式是多種多樣的。只有常常幫助別人的人才可能獲得別人的幫助，這種幫助都是建立在自願、無私的基礎之上，如果追求回報，那就是交易，那就是一種商業活動。

責任感

責任被管理學家彼得・德魯克看作是管理者必須具備的基本素質，中國無論是學術界還是企業界的管理都十分羨慕西點軍校文化，因為軍人的責任感和使命感極強，這是商學院難以培養的。責任感強的人在組織、群體中更受歡迎，更能獲得信任和依託。責任猶如建築，需要我們慢慢地累積和搭建。當然，外貌給人以信任感的人具有先天優勢，但是這依然是一個過程。

這3點基本素養是我們獲得良好人際關係的基礎，這3點基本素養也是我們獲得人格魅力的基礎。如果在這3點素養之外還具有專業性，那麼就是極好的。專業讓我們更受尊重，專業讓我們更容易吸引別人。但如果你不尊重別人、不肯付出、缺乏責任感，那麼即使你具有專家的

個人管理的邏輯

水準,也無法獲得人格魅力,反而會讓人感覺孤傲,使自己陷入人際管理的困境。專業只是我們獲得人格魅力的催化劑,讓我們更加迅速地融入組織和群體,獲得良好的人際關係。

3

重視自己

個人管理的邏輯

溝通是這樣的

人類因繁衍而得以延續，人類因溝通而得以傳承。我認為溝通是一種連結，特別是在互聯網背景下的溝通，沒有溝通人與人之間無法產生連結。在實際的管理行為中我們常常遇到阻礙我們高效率的問題，而這些問題大多都需要我們通過溝通來解決，沒有溝通也就不存在管理。

溝通的媒介：文字和語言的誕生

我們今天能夠得以交流溝通與史上一個人有著密切關係，這個人就是黃帝時期的倉頡，史稱「造字聖人」。《呂氏春秋》記載：「奚仲作車，倉頡作書」。歷史學家通過研究證實文字的出現確實與倉頡有關。倉頡當時是黃帝的一位史官，相傳，倉頡「始作書契，以代結繩」。在此以前，人們結繩記事，即大事打一大結，小事打一小結，相連的事打一連環結。后又發展到用刀子在木竹上刻符號以記事。隨著歷史的發展，文明漸進，事情繁雜，名物繁多，用結和刻木的方法，遠不能適應需要，這就有了創造文字的迫切要求。黃帝時期是上古發明創造較多的時期，那時不僅發明了養蠶，還發明了舟、車、弓弩、鏡子和煮飯的鍋

與甑等。在這些發明創造的影響下，倉頡也決心創造出一種文字來。

　　有一年，倉頡到南方巡狩，登上一座陽虛之山（現在陝西省洛南縣），臨於玄扈洛邙之水，忽然看見一只大龜，龜背上面有許多青色花紋。倉頡看了覺得稀奇，就取來細細研究。他看來看去，發現龜背上的花紋竟有意義可通。他想花紋既能表示意義，如果定下一個規則，豈不是人人都可用來傳達心意，記載事情麼？倉頡日思夜想，到處觀察，看盡了天上星宿的分佈情況、地上山川脈絡的樣子、鳥獸蟲魚的痕跡、草木器具的形狀，描摹繪寫，造出種種不同的符號，並且定下了每個符號所代表的意義。他按自己的心意用符號拼湊成幾段，拿給人看，經他解說，倒也看得明白。倉頡把這種符號叫做「字」。我們今天看漢字的構成主要運用了四種方式：象形、指事、會意、形聲。

　　文字的誕生有許多意義，最初的文字只是為了簡單地記錄數量。文字的深度創造使人類的語言更加豐富，人類開始能夠通過文字表達。組織建立之后，人與人之間、人與組織之間需要溝通交流，建立共同的目標，這時文字開始成為組織與人、人與人之間溝通的主要方式。同時，當組織目標建立之后，人們實現目標時需要組織成員理解組織目標，需要成員之間建立信任和合作，這時組織與成員、成員與成員之間需要溝通。另外，組織與組織也需要合作，溝通是二者彼此信任的前提。在這個過程中我們可以看到溝通的兩個基本作用：第一，溝通是為了傳遞信息。第二，溝通是為了使溝通雙方獲得信任。但是，溝通並不是這麼簡單，隨著社會的不斷進步，人們發現溝通中存在著矛盾和衝突，所以解決溝通過程中的衝突成為了有效溝通的前提。

　　我們所面臨問題的地域性決定著我們語言的地域性，從原始的部落之間的溝通到現在全球化的溝通，我們所使用的語言在不斷地豐富，我們交流的工具也在不斷地豐富。從竹簡到綿帛，再到紙的發明，現代計算機技術的發展，個人電腦的興起，手機的廣泛應用，人類溝通的工具越來越豐富。在互聯網背景下我們已經有了QQ、微信、微博、飛鴿等

個人管理的邏輯

即時通信工具，這些工具讓我們的溝通變得更加高效、便捷。我們需要知道為什麼會出現這樣的現象，因為我們所面臨的問題越來越多，問題的範圍越來越大。或許，我們應該在感到迷茫的時候停下腳步去思考這些問題的本源。很多問題的本質源於我們自身，但是大多數情況下我們都在尋找著外界的原因。世界變化越來越快，當我們直面問題的本質的時候，我們就有可能真正的高效。

被曲解的泰勒

作為古典管理理論學派的先驅、科學管理時代的開創者弗雷德里克·溫斯洛·泰勒以《科學管理原理》一書聞名於世。泰勒以「經濟人」作為人的本質屬性，建立了以工時為基礎的現代管理學說，泰勒認為管理的首要目的是保證雇主最大限度的富裕，以及每名工人最大限度的富裕。后來的研究者和管理實踐者把追求效率科學看成了泰勒管理精神的全部，英國管理史專家圖爾特克雷納在《管理百年》中將泰勒稱為「使用秒表的文藝復興式人物」，他認為科學管理是建立在缺乏信任，缺乏對價值、才能和個人智力的尊重基礎之上的。但是現代管理學中也有人為泰勒平反，認為泰勒管理思想不是建立在對人性的尊重基礎上，這是對泰勒思想的曲解。

泰勒曾在《工廠車間管理》關於組織中的人際關係提出了這樣的認識：

任何制度，無論多麼完善，都不應該以機械的方法加以應用。應該使雇主和工人永遠保持恰當的人際關係，在處理他們的關係時，還應該考慮到對於工人的一些偏見。

如果一個雇主在工作時還戴著羊皮手套，雙手和衣服永遠干乾淨

淨，說話永遠像自己是救世主一樣扮出一副屈尊的樣子，諸如此類，那麼他就永遠沒有機會知道工人真正的想法和感受。

最重要的是，應該鼓勵級別較高的人平等地和工人對話。應該鼓勵每個工人與上級討論遇到的問題，無論是不是工作中的問題。他們寧願受老板責怪，尤其是帶著一點人性或者感情的「教訓」，而不願意每天像機器零件一樣被冷落和忽略。

讓人人擁有自由表達想法的機會，擁有向雇主傾吐的機會，這是一個安全閥。如果主管通情達理，懂得傾聽，懷著敬意對待他們，就絕不可能發生工會罷工。

建立起工人和雇主之間友好聯繫的紐帶不是大筆的慈善捐款（不管雇主在這裡表現得多麼慷慨），而是一些個人小小的友好和同情的行為。

這個制度對人的道德效果是顯著的。如果工人覺得自己受到的待遇是真正公正的，他們總體上就會更加坦率、正直、真實。他們會更加愉快地工作，對待同事和雇主會更加親切。在這樣的系統中，他們不會像在過去的體制下那樣因為受到不公待遇而憤憤不平，也不會把工作之餘的空閒時間用來責罵雇主。①

無疑「泰勒制」的發明，對於企業生產效率的提高有著非常重要的意義。今天我們看泰勒的管理思想已經不那麼局限，或許是當時管理者急功近利的追求效率，而忽視了泰勒管理組織與人溝通的思想。關於管理溝通，泰勒提出了雇主要主動去瞭解工人的想法和感受，鼓勵管理層平等地與工人進行對話，管理者要善於傾聽，因為溝通是一個安全閥。「泰勒制」的暈輪效應使泰勒關於組織溝通的思想變得黯然無光。

直到后來，霍桑實驗中梅奧將組織視為一個社會系統觀點的基礎，也就是「社會人」觀點的出現。霍桑發現正式組織中存在非正式組織，然而正式組織所要求的「效率邏輯」與非正式組織要求的「情感邏輯」

---

① 丹尼·A.雷恩. 管理思想史 [M]. 5 版. 健敏，黃小勇，李原，. 北京：中人民大 出版社，2009：166-171.

之間存在衝突，企業的「產量限制」就是這一衝突的結果。為解決這樣的衝突，梅奧給出了自己的解決方法——培養人際關係的領導，這要求管理者善於溝通、善於傾聽，建立新型的人際關係管理環境。這個時候溝通不再是簡單地傳遞信息、獲取信任，而是為了解決衝突。因此，衝突的存在為現代管理需要溝通提供了必要性。溝通以組織為依託對內表現為員工與組織的溝通，對外表現為組織與組織的溝通。

溝通有何不同

放眼管理溝通，我們由最初重視組織溝通到重視人際關係的溝通，到現在我們開始重視人類自身的自我溝通。那麼以管理學理論所解釋的溝通到底應該是怎樣的呢？

現代管理學把溝通定義為：借助一定手段把可理解的信息、思想和情感在兩個或者兩個以上的個人或群體中傳遞或交換的過程，目的是通過相互間的理解與認同來使個人或群體間的認知以及行為相互適應。[1] 溝通為解決組織與人、人與人之間的衝突而被廣泛應用，這樣的溝通建立在各種關係之上，也就是說存在關係就存在衝突，有衝突就需要溝通。管理學者對於溝通的研究主要集中於組織管理與人際關係這兩個領域，組織管理的溝通是為了使管理者與被管理者之間相互瞭解、相互信任，提高組織效率。

哈佛大學就業指導小組在 1995 年對 500 名被解雇者進行調查，結果表明，82%的被調查對象失去工作崗位與個人與組織之間的溝通有關係。人際關係中的溝通是為了獲得人與人之間的信任與理解以及相互支

---

[1] 周三多. 管理 [M]. 3 版. 北京：高等教育出版社，2000：269.

持，以作用於個人的成長。美國著名的普林斯頓大學曾對1萬份人事檔案進行分析，發現「智力」「專業技術」和「知識」在個人的社會成功中只起25%的作用，影響個人成功的其余75%的因素與良好的個體間溝通有關。

由於最初的溝通是建立在關係基礎上的，研究者的眼光主要集中在組織溝通和人際溝通領域，然而有這樣一種溝通被大部分人所忽視——「自我溝通」。自我溝通是建立在個人基礎上，不以追求組織關係和人際關係協調為目標，而是以「自我」為中心，追求思維與行為的協調。前者可以稱之為「外向溝通」，后者可以稱之為「內向溝通」，前者以營造外部環境實現組織或者個人目標，后者通過思維與行為的協調，從內部增強實現個人目標的能力。我們可以選擇三個角度看待溝通，這三個角度分別是組織溝通、人際溝通、自我溝通。個人無法逃離組織的框架，我們每個人必然處在各個組織中並擔任一定角色，無論你是否身處管理層，你都會為了實現組織的目標而參與到組織的溝通，組織溝通需要利益作為基礎。人際溝通不是以組織為核心的溝通，而是作為社會人在社會中形成各種關係所需要的溝通，這種溝通不是以利益作為出發點，而是以血緣、情感、興趣作為人際溝通的基礎。自我溝通是獨立於外部環境的溝通，它不需要利益也不需要情感和興趣等因素，而是對自我思想和行為進行的內在協調。

表3-1　　　　　　　　溝通的主要方式及基礎

溝通的分類	組織溝通	人際溝通	自我溝通
溝通的基礎	利益	血緣、情感、愛好	思維和行為

從管理學的角度定義自我溝通：個人發現思維與行為發生衝突時，通過自我協調把思維正確地通過行為表達出來，通過行為的反饋從而反作用於思維，這樣不斷反覆的過程就是自我溝通。事實上自我溝通是一個雙向的溝通過程，但是在日常生活中，人們只重視思維的表達，而忽

個人管理的邏輯

視行為的反饋，這樣容易陷入自我矛盾，自己難以理解自己，我們看到的許多悲劇都是由於我們不能夠有效地自我溝通所導致的。

我們在生活中的一切行為都來源於我們的思維。思維對行為的指導屬於自我溝通的前半部分。如果我們在表達我們思維的過程中由於受到個人能力或者環境因素的干擾，最終的行為已然遠離我們最初的想法，行為所產生的結果已經偏離我們最初設定的目標，這樣心理就會產生矛盾。這需要我們通過自我溝通來協調自己，理解自己就顯得格外重要。我們在自我管理過程中需要通過自我溝通保持思維與行為相協調，更需要在結果產生后理解結果產生的原因。

在組織管理和人際管理中，溝通一般會經歷這樣的過程：

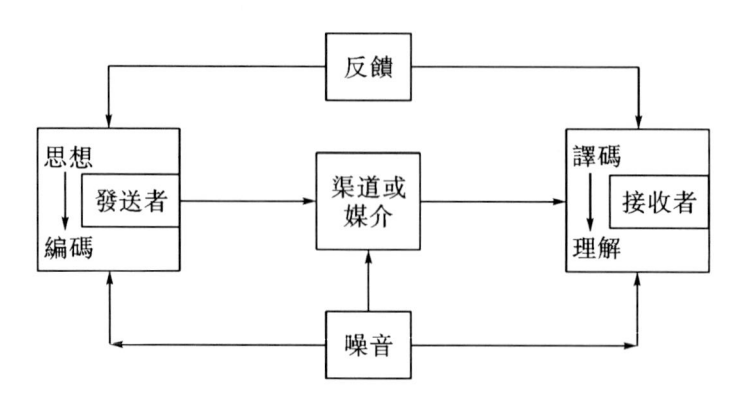

圖 3-1　組織及人際關係溝通過程

在自我管理中，自我溝通一般會經歷這樣的過程：

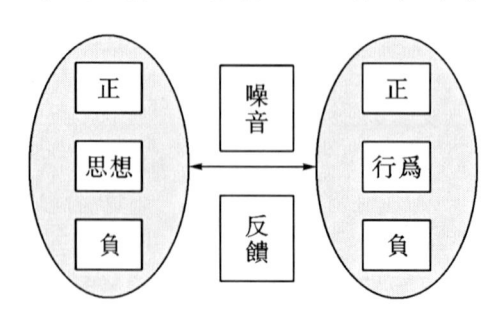

圖 3-2　自我溝通過程圖

通常情況下，我們思想的積極與消極決定著我們行為的正確與錯誤。在自我管理過程中，思想所產生的行為不一定能達到我們所期待的目標，這其中有外界噪音的影響，同時需要注意的是，我們的思想是否能夠產生達成目標的行為。這其中包括我們的思想是否正確？是否有深度？是否所產生的行為能夠完成我們的目標？行為產生後目標的完成情況會對我們的思維產生一種反饋，而這種反饋帶有判斷色彩，對我們的思維具有反作用力。

自我溝通是思想與行為不斷循環作用的過程，前半部分的實質是設計，後半部分的實質是反思。人類總是非常奇怪，理論上把自我溝通認為是自我反思，實踐中卻常常做規劃，因此很少有真正有效的自我溝通。

自我管理的溝通職能與其他的職能不同：自我溝通是一把「雙刃劍」。有效的自我溝通能夠提升自我管理的能力，無效的自我溝通將把我們帶入一個絕境。我們每個人都存在價值觀，價值觀作為一種意識是由我們溝通的反饋形成的。思想的形成主要有兩個來源：第一，我們受外界觀點的影響；第二，我們個人經歷的影響。如果一個人沒有正確的價值觀，自我溝通不僅無效，反而會使他深受其害。原因在於自我管理中其他職能大多以「事」為中心，並隨著任務的結束而結束，自我溝通卻是一個循環的過程，任務對於它的反饋將影響我們的思維。

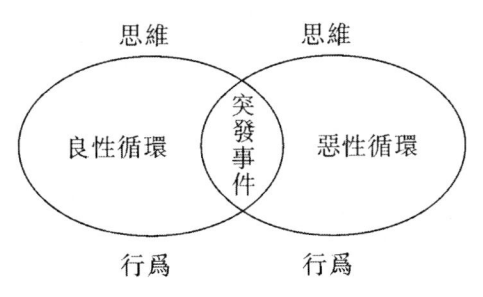

圖 3-3 「突發事件」在自我溝通中的影響

個人管理的邏輯

我們每個人生活中都處在兩個循環模式之中，二者非此即彼。除非「突發事件」會改變個人成長模式，一般情況下我們在各個模式中都趨於穩定。

「難」與「不難」

認識了自我溝通，那麼自我溝通是難還是不難呢？認識只是解決問題的基礎，發現溝通的障礙才是關鍵。愛因斯坦曾說「發現問題比解決問題更重要」，這句話的潛在意思就是「發現問題比解決問題更難」。自我溝通難在認識「現在的我」，難在發現自我矛盾，不難在於一旦發現問題我們有辦法解決。生活中我們最難的就是發現自己的問題，因為人存在惰性，也存在缺乏正視自我的勇氣。

自我溝通存在的首要意義是為了協調我們思維與行為的衝突或不協調。陷入衝突的我們常常變得不安，沒有良好的自我溝通常常容易導致心理疾病（如強迫症、抑鬱症等症狀），在這種狀態下我們更需要自我溝通。情緒的誕生其實與自我溝通有著緊密的聯繫，我們生活中所表現的喜、怒、哀、樂皆是自我溝通之後所產生的外在表現。

美國普林斯頓大學教授、諾貝爾經濟學獎獲得者丹尼爾·卡內曼曾在《重大決策十二問》一文中指出人的思維有兩種類型：直覺式思維和反省式思維。直覺思維又稱為第一系統思維，在這種思維模式下，人的印象、聯想、感覺、意願和行動準備，都是自然產生的，無需我們主觀努力。反省式思維又被稱為第二系統思維，需要我們主觀努力，刻意思索，通常起監控作用。自我溝通的本質是一種反省，這個反省的過程就是自我溝通的過程。我們要想解決自我矛盾，認識自我矛盾的來源是前提。

認知矛盾

　　社會學家周孝正教授曾多次表達這樣的觀點：「中國國民是雙重人格，三套面具，說一套、想一套、做一套。」那麼為什麼會出現這樣的現象？不同的學科由於考慮的角度不同，所得出的結論不一樣。那麼從管理學的角度看，產生這種現象的原因其實是自我溝通存在問題，當一個人不能夠解決內心的矛盾時，表現出來的就是「說一套、想一套、做一套」。溝通是一個雙向的過程，既然是雙向就存在「己」和「彼」。孫子云：「知己知彼，百戰百勝。」認識自己的思維和行為是一個漫長的過程，有多少人真正思考過自己思維和行為之間存在的差異性呢？又有多少人能夠發現這些差異性背后所存在的問題呢？其實，很少人能夠意識到這樣的問題。認識自己是自我管理的基礎，事實上對於人來說，「知己」比「知彼」更難做到。原因很簡單，我們總是把注意力放在外部事物上，忽視自己的內心。

　　我認為思維與行為之間的矛盾可以歸納為三類：第一類，個人價值觀與主流價值觀的矛盾；第二類，對比（他人、環境）所產生的矛盾；第三類，思想能力與行為能力的不協調。

　　我們每個人都具備基本的價值觀點，在第二章我提到了「三種價值觀」，其中個人價值觀與社會價值觀不一定是契合的，一個人的價值觀可能與社會價值觀趨近，也可能背離社會價值觀。如果個人價值觀背離了社會主流價值觀，這種情況下的自我矛盾是最激化的階段，你會產生不能被社會所接納的感覺，不由得感嘆「天下之大，竟沒有我的容身之處」。

　　個人價值觀的形成與個人的成長經歷和成長環境有著密切聯繫，一個人在開始正式接觸社會之前，已經形成了基本的價值觀。價值觀一旦

形成之后，在相對長的時間內是穩定的。當社會因素衝進你的世界時，如果你的價值觀與社會價值觀不符，這時你會產生極大的矛盾，你開始懷疑這個社會，直到最后懷疑自己。如果沒有辦法轉變你的個人價值觀，你或許會選擇極端的行為來解決這樣的矛盾。我們在生活中看到的很多人間悲劇都是這個原因造成的。但轉變個人價值觀之難，無異於一個人的重生。

自我矛盾大多數情況下是來自於對比，個人通過與他人或者所處環境的對比，自我內心變得不平衡，從而產生矛盾。不知是否是由於人先天所帶有的攻擊性決定的，我們在生活中常常與他人作對比，從而來判斷誰更強的問題，來獲得自我的滿足感。可悲的是大多數人對比之后發現，別人比我強，自己的內心更加矛盾、更加沮喪。這時故作聰明的我們開始對比自我與他人所處的環境，發現原來環境的差異更大，自己開始抱怨「我為什麼不是在那樣的環境裡生活?」「我為什麼不是富二代?」等問題，抱怨越深自我矛盾越大。

自我矛盾最常見的是思維與行為的不協調，即所謂的「眼高手低」或「手高眼低」。世界每天都有無數個點子誕生，但是這些點子能夠實踐成型的少之又少。但凡有點思想的人，總能在生活中悟出點什麼，但是最終所悟的卻未給我們的生活帶來絲毫改變。在思維的起點和實踐的終點間，我們常常陷入各種矛盾，這些矛盾大多來源於自我，可能是我們所想到與我們實際能力存在很大的差距，但是我們尚未察覺。手高眼低者雖然也是個人思維與行為不協調的一類，但是由於個人所制定的目標完全在自己的能力範圍之類，不需要努力就能實現目標，這類人大多安於現狀，內心沒有非常強烈的自我矛盾。

認知心理

在現代管理學沒有自我溝通的概念，或許是由於現代管理學以組織

管理為研究對象，而非個人的緣故。自我溝通的研究對象是個人而非組織，所以不同於傳統的組織溝通和人際溝通，不存在「自我」與「非自我」的溝通。通過思考和研究，我發現自我溝通最早出現在哲學和心理學研究領域。心理學是一門從哲學分離出來的學科，最早的心理學家都是哲學家，如威廉·馮特、西格蒙德·弗洛伊德、榮格、約翰·洛克等。

我們回到管理的立場看心理學，管理學的研究有兩個中心：一個是以人為中心，一個是以事為中心。由於人類社會的複雜構成及其發展，人性變化多樣，管理學家只能局限於從複雜的人性中總結和歸納出基本的規律，不可能詳細地、精準地分析到個人，所以以人為中心的管理是有很大的變化空間的，並且這樣的變化有一定的幅度，而管理者對於幅度的把握也受管理者本身管理水平的限制。以事為中心的管理卻截然不同，事的可變性非常小，一旦任務和目標確定，它將長期穩定不會改變，人們只需要圍繞著這個目標去完成它。目標的分解和量化是目標管理的優勢，相對於人性的變化，目標的穩定性是管理的優勢，這樣管理會更加直接有效。這也是為什麼彼得·德魯克目標管理思想受到全球眾多企業追捧的原因。

世界上可能存在相同的目標，卻不可能存在相同的人。我們講到人會討論人的特殊性與普遍性，談及目標時我們不會去討論這個目標是否具有特殊性和普遍性的問題，顯然這樣的討論也是毫無意義的。人的可變性並不是我們物理上的可變，而是思想、心理、行為的可變。一般來說，我們無法改變我們的物理存在，我們每個人從生物學的角度講由遺傳基因和進化決定，一個人誕生後的性別、外貌、生理構成都是穩定的，當然現在也有變性手術、整容等方式可以改變一個人的物理條件，但這畢竟不是主流。人最主要的變化集中於心理變化，心理是可以隨時變化的。

什麼是心理？什麼是心理學？在中國管理學家蘇東水教授所著的

個人管理的邏輯

《管理心理學》中有這樣的描述:「心理,是感覺、知覺、記憶、思維、情感、意志和氣質、能力、性格等心理現象的總稱。」「心理學是一門研究人的心理想像及其規律的科學。」①。

　　心理學在整個知識體系的構成中處於基礎學科與綜合學科之間。心理學最早從哲學分離出來,卻被廣泛地應用到教育學、管理學、社會學等一切與人有關的學科。由於心理學與人的腦有著緊密關係,所以中醫學特別是神經科學的研究成果多應用於心理學。我發現許多研究領域最初的出發點並非以人為中心的研究,但凡與人有關的研究領域,突出的研究成果大多與心理學的引入有關。

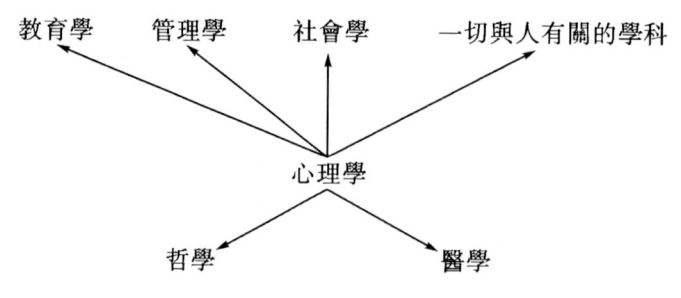

圖 3-4　心理學在學科體系中的位置

　　管理學研究領域的標誌性事件「霍桑實驗」之所以能成為標誌性事件,得益於「社會人」觀點和正式組織中存在「非正式組織」理論的提出,這些理論的提出跟一位管理學家梅奧有關。

　　梅奧事實上沒有系統地學習過管理學原理和研究方法。他在 1899 年獲得阿德萊德大學邏輯學和哲學碩士學位,並在昆士蘭大學教授邏輯學和哲學,后來又在蘇格蘭的愛丁堡研究醫學,從事精神病理學研究。后來,他在霍桑實驗中運用的是「整體情境的心理學」方法,這個方

---

① 　水. 管理心理　[M]. 4 版. 上海:　旦大　出版社, 2002: 67-68.

法屬於格式塔心理學概念，這成為了他將組織視為一個社會系統觀點的基礎。① 最初霍桑實驗的研究者杜格爾·C.杰克遜，是一名來自麻省理工學院的電氣工程學教授，他所率領的研究得出這樣的結論——產量的上下浮動與照明度並無直接關係，這個結論對於現代管理研究並無價值，只能表示一個研究結果，幾乎沒有任何影響力。我們現在回想如果梅奧也是一名電氣工程教授，現在還有「社會人」觀點和「非正式組織」理論的出現嗎？我想如果有的話，也將在許多年之後，那個人也一定不是梅奧。

在今天，當與人有關的社會學科研究遇到瓶頸時，需要我們引入其他領域的理論或者研究成果。社會學科與自然科學的發展趨勢不同，我們現在可以得出社會學科的發展趨勢——融合，自然科學的發展趨勢是直線型。比如管理學遇到的問題，我們可以從不同的角度給出不同解釋。然而數學問題我們是無法從其他角度給出結果的。自然科學的進步是獨立的進化，社會學科的進步是融合的進化。

在自我管理過程中存在自我溝通，但我們無法從管理理論給出自我溝通的解釋。自我溝通的本質是一種心理活動，自我溝通所產生的衝突與不協調帶來的后果不是管理的無效，而是個人將產生心理疾病，有效的自我溝通過程實際上是自我的心理治療過程。

心理學最早開始思考個人的問題，而管理學最早開始研究的對象是組織。從現在的發展趨勢看，心理學已經開始廣泛地應用於社會群體，而管理學也開始注意研究個人。二者在最初的研究對象中具有了深厚的基礎，心理學作為研究個人心理現象的學科，它把心理現象劃分為心理過程和個性心理兩個方面。

---

① 丹尼·A.雷恩. 管理思想史 [M]. 5 版. 健敏，黃小勇，李原，. 北京：中人民大 出版社，2009：327.

個人管理的邏輯

靈魂真的能夠出竅嗎？

在理解自我溝通的真正內涵之後，我們的自我溝通才能夠變得有效。管理學並不像數學、哲學那樣，是一門具有悠久歷史的學科。從1911年開始直到今天，管理研究者對於管理溝通的研究並沒有像其他管理職能那樣引人注目，關於管理溝通並沒有太多的成型理論。同時，由於個人管理理論框架和知識體系的不完善，在個人管理領域也尚未形成基於自我溝通概念的理論。我在近兩年對自我溝通的思考，得出了三種基於自我溝通概念的方法，這三種方法分別是：旁觀思維、內省法、歷史觀察法。這些方法並非我首創，我只是發掘並把它們整理出來而已。這些方法更有助於我們從技術層面更有效地自我溝通。

旁觀思維：跳出「自己」看自己

作為一個對管理研究充滿濃厚興趣的人，談靈魂這件事似乎有點不可思議，這仿佛應該屬於哲學家或者佛學家研究的範疇。還好，這是一個開放的社會，我們可以自由地談論自己感興趣的話題。無論是管理還是其他領域，我們總會遇到一些難題，我們暫時無法在本領域尋求到答案（或者給出解釋），這個時候可能需要我們用更加開闊的思維方式跨領域去尋求答案。

靈魂是什麼？我們難以給出一個準確的解釋。在生活中有一種力量，超越了意識和價值觀，好像我們還有「另一個自己」的存在。跳出「自己」看自己，這並非玩笑。

3 重視自己

小時候，我們受到古裝神話題材的電視劇影響，常常看到熒屏上那些仙家能夠「靈魂出竅」，並羨慕不已。時常想像自己「靈魂出竅」是怎樣的，現在回想自己小時候難免會心一笑，我相信有許多人也是如此。長大后，我們知道那只是神話，並不真實。這裡的跳出「自己」看自己，並非真正跳出「自己」看自己，畢竟我們的肉身只有一個，出去了怎麼回來呢？當然這也只是玩笑。跳出「自己」看自己，實際上是我們以旁觀者的姿態來看自己、審視自己。

蘇軾有詩雲「不識廬山真面目，只緣身在此山中。」這句詩充滿著其哲學韻味，通常人們以此形容個人認知的片面性。我們的生活總是在一個框定的圈子中，我們無論是思維上還是行為上都存在著局限性。我們總是活在自己的世界裡，卻總是在意著別人怎麼看待我們。要識得廬山真面目，需要我們跳出「此山」。為了更好地認識自己，我們需要跳出「自己」思維的局限性從新的角度看待自己。自己看「自己」與旁觀者看「自己」是不同的，猶如企業管理者與管理顧問看待企業，總會得出不同的結論。前者很難看到自己企業的缺陷，或者逃避缺陷；后者更擅長用專業和理論的角度去發現企業的問題，而忽視企業現狀和操作的可實現性。

生活中我們總是充當個人管理者的角色，為了達到自己的目標，常常會陷入急功近利的怪圈，追求快速的財富累積，而忽視了對自我可持續健康的發展模式的思考。這些需要我們站在「管理顧問」的角度，冷靜地、理智地思考關於自己的問題。跳出自己看「自己」是自我角色的轉換，是思考方式的轉變，是全面地認識自己。

在找工作的過程中，我發現了一個十分有趣的問題，當我們面試時人力資源主管通常會問這兩個問題：一是你怎麼評價你自己？二是別人怎麼評價你？在現在競爭非常激烈的環境中，即使有人能夠客觀地評價自己，也很少有人能夠把客觀的評價傳遞給面試者。通常對自我認識越深刻的人，對自己的缺陷和劣勢的掌握就會更加清晰。面試者通常又希

個人管理的邏輯

望更好地把自己的優點展示出來，這其中是非常矛盾的。當然「別人怎麼評價你？」這個問題就更顯無聊，不論別人怎麼評價自己，我們注意到的是信息的傳遞者是面試者，這個問題的答案與第一個問題的答案多數是相似的。這向招聘者傳遞的信息是「我能夠正確的評價自己」，當然企業也喜歡這樣的應聘者。所以現在的面試過程「失真」現象是非常嚴重的，而面試卻變成了招聘者與面試者之間智力的鬥爭，面試者去面試時都用智力偽裝自己，招聘者所考查到的除了應聘者的溝通能力，大多數信息都是「失真」過後的信息。

我們實際上並不是在要向別人傳遞「我是誰」的時候，才開始認識自己。我們內在是存在認識自我的需求的，從哲學家蘇格拉底提出「認識你自己」到管理學家彼得·德魯克首問「我是誰？」，直到現在我們仍然會常常糾結於這個問題。因為伴隨著每個人的出生和成長的不同階段，這個問題就開始跟隨著我們，直到我們離開這個世界。不同的階段，這個問題的答案不同。因此，這個問題也變得十分有趣。

從現代心理學上講，人的認知是一個過程。而這個過程分為三個階段，那就是原始的感覺、理解的記憶、獨立的思維。我們時常會問自己「我是誰？」，但是這個問題的答案永遠受到自我思維的限制，我們這個時候會主動借助別人的評判。但是我們又會疑惑：別人的評判對於我們就一定準確嗎？自我評判與他人評判最大的不同在於，個人傾向於事件的過程，他人更傾向於事件的結果。所以他人的評判對我們來說也並非完全準確，這其中還存在他人的偏見。

沒有人比你更瞭解你自己。但是，由於社會屬性的影響，我們不能很好地瞭解自己，自己時常懷疑自己。前不久，在看湖南衛視《快樂大本營》對張杰的採訪時，謝娜爆料張杰遇到事情時常常自己與「自己」對話，直到自己戰勝「自己」、獲得自己需要的結果。跳出自己「看」自己，並非人格分裂或者精神分裂，它只是我們自我溝通的有效方法之一。我們每個人有自我溝通的需求，也會有這樣的表現。

3 重視自己

　　跳出自己看「自己」，它是一種以旁觀者的角色去看待自己，用一種「顧問式」的管理方式去實現良好的自我溝通。溝通在整個管理過程中不可或缺，卻不是隨時隨地都存在，管理溝通主要集中於決策和執行兩個階段。很多年前聽到這樣一個笑話，有人問「什麼是顧問？」，然后有人答：「顧問就是顧得來就問一下。」雖然這段對話對顧問有點嘲諷，但是事實卻是這樣。他們沒有太多精力跟隨一個企業一起打江山，顧問大多也是外聘，企業需要的時候就聘過來用一下。然而，顧問的存在卻是有必要的，顧問通常是某個領域的專家學者或者精英，他們的理論或者經驗非常豐富，他們所掌握的一些先進理念是能夠幫助企業成長的。

　　那麼，自己成為自己的顧問這不是笑話嗎？明顯不具備現實可操作性。自己成為自己的顧問並不是沒有可能，只有一種途徑能夠實現，那就是學習。實際上，我們常常容易陷入實踐的怪圈，特別是在工作後，很少還有人堅持學習和閱讀。有數據表明，中國人的閱讀量不到以色列的十分之一，2011年中國人均年閱讀量是4.3本，近兩年並未有較大突破。管理永遠關注的一個核心問題「效率」，我們勇於實踐、肯埋頭苦幹，這是非常優秀的品質。我們記得「實踐是檢驗真理的唯一標準」，這句話的前提是這個真理尚未被檢驗，如果我們用大量的實踐去證明別人已經證明的真理，那麼這些實踐就是對資源的浪費，這就是管理的無效。

　　與其說我主張自己成為「自己」的顧問，不如說使自己成為一個學習型的人。顧問在於知識、信息、經驗的累積，並非是自己出現問題才去關注一些問題，而是在日常生活中有意識地累積與自己生活事業相關領域的知識。它是一個長期的過程，這個過程更多的是無意識行為，因為它的出發點並不為解決目前現實所存在的問題。

內省法：個性對於自我溝通的影響

自我溝通在於個人的認知，認知自我的思想和行為，從而找到二者之間的矛盾，達到二者之間的協調。正如前文所言，我們每個人都具有自我認識的需求，需求解決的過程往往會誕生許多方法。內省法就是一種具有代表性的方法論，它又被稱為「自我觀察法」。

內省法是心理學術語，它是構造心理學的基本方法之一。構造心理學派是現代心理學的第一個學派。由現代心理學開創者心理學家威廉·馮特及其學生鐵欽納所創建，其主要思想包括：①心理學是研究直接經驗的科學。②元素分析與創造性綜合。③實驗內省法。前文我們已經談到心理學最初是從哲學中分離出來的學科，作為一門全新的學科，它一般採用的研究方法具有基礎性和普遍適用性。實驗內省法實際上包括兩種方法：實驗法和內省法。馮特還明確提出心理學研究以實驗為主、內省為輔。內省指的是人通過向內的檢視，對自己的精神狀態與行為進行的觀察、描述和分析。

管理中凡是涉及人的問題，都需要從心理學領域尋求答案。內省是一種心理活動，從內省的定義我們可以看出，自我溝通的過程本質上也是人內省的過程。內省也是我們認識自我的一個過程，自我的精神剖析。社會學先驅理論家庫爾特·勒溫（Kurt Lewin, 1936）曾說：「所有的心理事件都取決於個體的狀態，與此同時，也取決於環境，儘管它們的相對影響依情況而有所不同」。影響我們的個體狀態中，最受關注的因素就是個性和基因。

內省法作為最原始的心理學研究方法，與當代心理學中的一些先進方法相比，略顯簡單。在心理學成立之初，內省法確實是馮特從事心理學研究的最基本方法之一。並且馮特和他的學生在這樣的方法下獲得了

許多研究成果。本書基於內省法局限於關注自我的個性，我們運用內省法「審視」的是我們的個性（又被稱之為「人格」）。個性是什麼？實質上個性就是特質。直到今天，我們仍在討論某些人具有領導特質，某些人具有管理特質。通俗地說，就是這些人的個性適合做領導，這些人的個性適合做管理者。

記得在管理學的課堂中，我們曾做過關於「A 型人格與 B 型人格」的測試。測試是這樣的：

在下面各特質中，你認為哪個數字最符合你的行為特點？

1. 不在意約會時間 1, 2, 3, 4, 5, 6, 7, 8 從不遲到
2. 無爭強好勝心 1, 2, 3, 4, 5, 6, 7, 8 爭強好勝
3. 從不感覺倉促 1, 2, 3, 4, 5, 6, 7, 8 總是匆匆忙忙
4. 一時只做一事 1, 2, 3, 4, 5, 6, 7, 8 同時要做好多事
5. 做事節奏平緩 1, 2, 3, 4, 5, 6, 7, 8 節奏極快（吃飯，走路等）
6. 表達情感 1, 2, 3, 4, 5, 6, 7, 8 壓抑情感
7. 有許多愛好 1, 2, 3, 4, 5, 6, 7, 8 除工作之外沒有其他愛好

記分：

累加 7 個問題的總分，然后乘以 3。分數高於 120 分，表明你是極端的 A 型人格。分數低於 90 分，表明你是極端的 B 型人格。

分數 人格類型

120 以上 A+

106～119 A

100～105 A−

90～99 B

90 分以下 B+

A 型人格

有些人總願意從事高強度的競爭活動，並長期有種時間上的緊迫感，這些人就具有 A 型人格。

A 型人格者總是不斷驅動自己要在最短的時間裡干最多的事，並對阻礙自己努力的其他人或事進行攻擊。在競爭的文化環境中，這種特點易被推崇，而且它與進取心和物質利益的獲得有直接的相關。

　　A 型人格表現為：

1. 運動、走路和吃飯的節奏很快；
2. 對很多事情的進展速度感到不耐煩；
3. 總是試圖同時做兩件以上的事情；
4. 無法處理休閒時光；
5. 著迷於數字，他們的成功是以每件事中自己獲益多少來衡量的。

　　與 A 型人格相對照的是 B 型人格，B 型人格很少因為要從事不斷增多的工作或要無休止地提高工作效率而感到焦慮。

　　B 型人格表現為：

1. 從來不曾有時間上的緊迫感以及其他類似的不適感；
2. 認為沒有必要表現或討論自己的成就和業績，除非環境要求如此；
3. 充分享受娛樂和休閒，而不是不惜一切代價實現自己的最佳水平；
4. 充分放松而不感內疚。

　　「A 型人格與 B 型人格」理論的形成使有關人格的理論研究開始走向成熟。該理論用於從人的個性來初始判斷你適合做執行者還是高級管理者。個性並不存在「怎樣的個性好？」的說法，只是用來判斷你是哪種個性，根據你的個性判斷適合做什麼工作。我們認識自己的個性，最終的意義在於從本性出發，找到最原始的自己。

歷史觀察法：忘記歷史等於背叛

　　歷史學是一門找規律的學科，正如羅貫中在《三國演義》開篇所

言：「天下大勢，分久必合，合久必分。」不論是社會還是個人，總是遵循著一定的發展規律，我們雖然無法從過去找到與現在乃至將來完全一致的事件，但是歷史總是驚人的相似。義大利歷史學家奈戴托克羅齊曾說：「一切歷史都是當代史。」我們對於歷史研究的最大興趣在於我們能夠從歷史的事件中總結出對於今天我們的借鑑意義。

我本身就是一名歷史愛好者，讀歷史能夠給人帶來更深刻的思考，能夠讓人的思維變得更加成熟。歷史的本身並不存在太大的意義。就像今天我們去瞭解一些已經過時的管理思想，本身這些管理思想並不重要，但是卻能帶給我們新的思考，我們在歷史的牽引下總會主動地去思考管理的下一個趨勢，這就是歷史所能帶給我們最大的收穫。

無論是易中天的《品三國》還是當年明月的《明朝那些事兒》，我們並非只是為他們所講述的歷史所吸引，儘管他們的口才和文筆的確很好。真正受歡迎的是，他們講述歷史背后的思想、歷史中那些人物的成長規律。這些在我們今人看來既有趣也更有借鑑意義。

對於歷史觀察法，我們可以分為兩部分。第一部分：廣泛讀史，從歷史人物中找到自己的影子。第二部分：讀個人史，才能把握和預測未來。

在歷史的長河中，總有一部分歷史人物是自己感興趣的，這部分人可能是名臣、名將、名商、名學，百家之典範，總有一家能夠得到你的喜歡。讀史需常讀，溫故才能知新。曾經「成功學」風靡一時，所謂的成功學大家們會告訴你，你該這樣做才能夠成功，因為某某人這樣做獲得了多麼了不起的財富和成就。事實上，這也像現代管理學教育一樣，教授會運用商業案例分析方法（又稱 MBA 教學法），傳授各種管理思想，這樣有助於學生理解管理思想同時增強與同學們之間的互動，從而達到教學的目標。實際上大多數人記住了管理思想和管理情景，而缺乏自主的學習和思考。研究生（包括 MBA）的學習提高了學術規範和研究方法，卻很難得到自己的思想。我們的管理或者是在引進外國的

個人管理的邏輯

思想，或者沉靜在孔子時代。學習最大的目的不是規範而是創新，創新來自於新的思考。

　　無論是歷史上還是當代的企業家，他們並非具有非常高的學識。他們有的共同點就是不斷學習，這個精神並不是成功學能夠傳授的。他們具有很高的悟性，他們在別人的經歷中尋找自己的影子，形成自己獨立的思想。在改革開放的今天，這個社會需要更多的獨立思想，只有個人具備了獨立的思想，才能夠通過創新來推動整個社會的進步。獨立思想的形成不是一個傳授的過程，而是自己不斷去學習的過程。自我溝通中，歷史觀察法的運用，就是需要我們去尋找歷史中的「自己」，這個自己並非一個人，而是一群自己想成為的人。我們應該多看看他們的成長之路，多思考現在的自己，形成獨立的思想，然後做自己。

　　我們每個人一路成長，都有屬於自己的過去，這些過去就是個人的歷史。我在初期思考自我管理的時候，思考過「什麼時候我們才能夠自我管理?」這個問題在蘇東水教授的《管理心理學》中找到了答案。蘇教授在書中採用了中國心理學家朱志賢將人的心理發展過程分為以下幾個階段的觀點：

乳兒期（從出生到滿一歲）

嬰兒期（從一歲到三歲）

學齡前期（從三歲到六、七歲）

學齡初期（從六七歲到十一、十二歲）

少年期（從十一、十二歲到十四、十五歲）

青年初期（從十四歲到十八歲）生理成熟

青年晚期（從十八歲到二十五歲）心理成熟[1]

　　通常情況下，我們從出生開始就帶著歷史一起前行，但是由於成長初期我們的自我意識並不獨立，自己的思維系統並未形成。所以，我將

---

[1]　　水. 管理心理　[M]. 4 版. 上海：　旦大　出版社，2012：446.

15 歲作為自我管理初期的分界線，15 歲開始我們就能夠開始獨立地去思考一些東西，在個人的行為中能夠看到理智的影子。15 歲之後我們所犯的錯誤，大多數與個人的想法有著密切關聯。這個時候我們開始可以去反思自己，可以進行自我管理和自我溝通。

當我們 20 歲、30 歲、40 歲乃至更老的時候，小時候的記憶已經變得模糊，我們卻依然能夠清晰地記得 15 歲之后發生的事情。這些清晰的事件更能反應自己的本性和做人處事的方法，更能夠看到我們的成長。15 歲之前的事情，我們也沒有必要像「考古」一樣去探索，它並不會為我們的生活帶來多大的借鑑意義。

重要的不是方法

有效的管理是以任務、目標為導向的管理，正如華南理工大學工商管理學院陳春花教授所言：「管理沒有對錯，只有面對事實解決問題。」自我管理作為管理的一個分支，也具有這樣的特性。沒有什麼良藥是能夠包治百病的，只有認清事實才能根據特定事實給出特定的解決方案，這些方案並不一定已經廣泛地應用於實踐中。所以，管理實際上需要管理者在實踐活動過程中不斷領悟，直到找到適合自己的解決方案。這也是社會中為什麼會有卓越的管理者和領導者的原因之一，他們並非一定從前人的經驗中總結經驗，而是在現實的環境中感悟新的思想，用這些新的思想去有效地解決問題。

自我溝通實際上是為了解決個人兩個層面的問題：第一個層面是為了追求最終的目標，有目的性地協調思維和行為之間的衝突；第二個層面是沒有目的性地追求自我思維和行為之間的平衡。從功利的角度講，我們大多數人都想用盡一切辦法做到第一層，而忽視了第二層。但事實

個人管理的邏輯

上,第二層系統卻像身體免疫系統一樣,會主動發揮作用,當我們的生活面臨失衡的情況時,我們會主動通過某些正確或者錯誤的行為使自我的內心變得平衡。

「平衡」是組織管理的基調,平衡也是自我溝通的一層境界。不論是組織還是個人我們有時候的行為並不是要解決掉某些問題,而是去尋求矛盾中的平衡點。我們慶幸的是組織和個人都帶有「免疫系統」,它會消除極端的衝突,從而使其他衝突達到平衡。但是這種「免疫系統」的作用是有限的,一旦免疫系統自身能力無法使矛盾方達到平衡,那麼就會失衡。這種失衡會給組織和個人帶來明顯的「不適應感」,從而需要我們借助外力來解決這類衝突。

「自我接納」是有效自我溝通的基本目標,自我溝通本身就是自我的心理活動,自我溝通的前提是認識自己,認識自己需要達到的目標就是自我接納。只要我們是正常人,就具有心理活動,在心理活動中我們會主動去認識世界,也會認識自己。事實上,在現實生活中我們很多人對於這一點都做不到,我們並不是缺乏認識自己的能力,而是缺乏正視自我的勇氣。當我們看到自己的不足時,我們大多選擇逃避。或許認為自己存在不足,是非常可恥的事情。如果我們做不到接納自己,那麼自我溝通就是失敗的。

史有孫臏、韓信之輩,為今人樹立了典範。孫臏作為軍事奇才,曾與魏國大將軍龐涓師從古代軍事大家鬼谷子。相傳,孫臏由於心地善良得到了鬼谷子的傾囊相授。同門師兄龐涓因心生記恨,把孫臏騙到魏國挖去膝蓋骨,致殘終身。這樣的悲慘命運是對一個軍事家會產生多大的心理傷痛,常人無法想像。但是,孫臏卻勇敢地面對自己,雖然自己殘疾了,但是他清楚地認識到作為一位軍事戰略人才,最重要的是頭腦。他沒有自殺,也沒有歸隱,勇敢地面對敵人,最終戰勝龐涓,並著有《孫臏兵法》流芳百世。

自我接納需要一顆強大的內心。「漢初三杰」之一的韓信,早年的

時候，心中有很大抱負，卻被流氓小兒欺於胯下。人們都叫他「胯下小兒」，並且由於項羽的自大和個性原因，使他早年得不到重用，無法施展才華。他不求別人的接納，但是他是清楚地認識自己，自己從內心深處接納自己。這樣使他的內心得以平衡。最終輔助劉邦成就偉業。

孫臏對自己殘缺身體的接納，韓信對自己胯下屈辱的接納。接納自我需要勇氣，生活總會有許多不如意的地方，這個時候需要你靜靜地進行自我溝通，然后去承擔、去改變。我們所看到的世間悲劇往往都源於無效的自我溝通。因此，自我溝通是個人必備的一項管理技能。

好的環境才能夠滋生良好的溝通結果，關於自我溝通的環境，「心定」是前提。在充滿變化和物欲橫飛的社會中，「心定」實際上已經很難做到了。這個時代需要人們更具理性，因為理性是擺脫迷茫和陷阱的唯一良藥。只有人獲得理性之後，才能夠靜下心來去深入思考自己和這個社會乃至整個國家的命運。也只有當一個人思想開始獨立之后，我們才會活得更像真實的自己。

從對管理學的學習中，我發現高效的管理者一定是理性人，他們內心有自己所設的管理底線。這包括強烈的風險意識和成本意識。卓越的管理者卻越看越感性，因為這類管理者非常敏感，他們善於用感性去發現問題和趨勢，他們能夠快速地創造和參與到新領域。從管理風格來看，前者適合「治理天下」，后者更適合「開疆拓土」，自我管理的初級階段更需要理性的自我管理。

人的感性和理性看似存在衝突，事實上后者的感性也是理性的產物，它是管理理性的進一步昇華。我們不需要刻意去追求感性，因為沒有理性做基礎的感性思維最終會變得毫無意義。我們需要可以做到的是通過刻意訓練理性思維達到感性的境界。當然，這是一個非常漫長的過程。

自我接納我們需要清晰地認識到「金無足赤，人無完人。」任何不足和問題都是客觀存在的。問題的存在只能說明我們還是正常人，正如

個人管理的邏輯

企業管理一樣，沒有問題的企業是不存在的，但是只要這些問題沒有達到需要迫切改變的時候，它都是可以一直存在的。甚至在一些看起來非常完美的企業，它會人為地製造一些問題來刺激企業的成長。因為沒有問題的企業是一潭死水，企業存在一些問題反而能夠給企業帶來活力。個人管理也同企業管理一樣，正因為我們自身存在不同的問題，我們才有成長的活力，所以不要懼怕問題的存在。

我們需要轉變「是病就得治」的觀點。問題如同「病」一樣，在這個急功近利的社會中存在一些醫生和企業諮詢師，為了獲取經濟效益，過分誇大「病」的嚴重性。我們需要認識到這樣一個觀點「手拿錘子的人，看到處都是釘子」，同時還要意識到我們自身存在著免疫系統。所以認識「病」的性質就尤為重要，這才是真正的挑戰。

自我溝通需要認清問題的性質，這遠比方法更重要。我們每個人的存在都會存在一些問題，這些問題可能是先天的也可能是后天的，可能能夠人為改變，也可能人力無法改變。比如遺傳性的疾病、先天性的殘疾、后天性的癌症等這些人力無法改變的問題，我們需要客觀地去認識它們，只有這樣我們才能夠真正意義上地接納自己。當我們不能客觀地去認識理解它們，一味地盲目企圖解決這些問題，往往最后徒勞無功，浪費掉自己寶貴的資源（時間、金錢等）。

通常情況下，人會在兩類事情中陷入無法自拔的局面：第一類是遇到自己特別喜歡的事情；第二類是挑戰自己辦不到的事情。這兩類事情最能夠讓人達到瘋狂，瘋狂足以讓人失去理性，最終以悲劇收尾。

自我溝通為什麼強調「自我」？因為當我們遇到問題時，別人無力為我們承擔，如脫殼之時的痛苦無人能夠理解。我們總是存在著自我的一面，我們並不願意把這一面給別人看。我們需要認識到我們可能存在知己，能夠影響我們自我溝通，但是最終自我溝通仍然是我們自己獨立完成的過程。

在我們今天看來任何勵志故事背后的人物都具有有效的自我溝通的

品質。何為「勵志」？通過別人的故事來激勵自己，或者用自己的故事來激勵別人。通常情況下，勵志故事背後的人物都有著悲慘的命運，后來通過他們的不懈堅持和努力獲得成功，而這樣的成功一般都是舉世矚目的，我們看別人成功時常常被別人最終的成功或者成果所吸引，然后把原因歸結於專注、勇敢、樂觀、積極等。然而在這種暈輪效應的背後，我們忽視了一個關鍵的因素——「自我溝通」。在任何名人自傳中這個過程都沒有記錄，我們也無法感同身受。

從人性出發，個人並不希望在解剖自己內心的時候，向別人展示自己的內心。因為我們的內心本身具有陰暗面，有不願為人所知的那一面。我們所看到的成功人士的自傳中，沒有任何文字記錄他自我溝通時的痛苦。這種自我溝通本身無法通過文字來記錄，也更不希望為大眾所知。所以，自我溝通是一個相比其他管理職能而言，相對獨立的一個職能。它不能夠被複製，也無法被模仿，當然也無法被傳授。

成為一個擁有幸福感的人

記得多年前，在人人網上看到過一個關於大眾「幸福感」的調查，在上面有各種千奇百怪的回答。記者問：「先生您好，請問您幸福嗎？」被採訪者（一位老大爺）答：「我姓福。」或許，這僅僅是個笑話。問題的形式決定著問題的答案，調查的對象也決定著問題的答案，老大爺那個時代的人們很少瞭解幸福感，他們或許感到了幸福卻可能從來沒有聽到過幸福感這個詞彙。幸福感實際上也是 20 世紀末流入中國的一個外來詞彙，可能 80 后對它有所瞭解。但出生在 20 世紀 80 年代之前的人，很少有人瞭解這個詞彙。

在生活中有越來越多這樣的現象：我們所累積的財富越來越多，但

個人管理的邏輯

我們卻越來越沒有幸福感。我們已經感受不到快樂和滿足，我們渴望獲得越來越多的財富，我們變得貪婪。在這個過程中，我們還會不注意地失去一些東西，讓我們一生為之遺憾。幸福感真正進入管理研究者的視野，還要得益於《哈佛商業評論》中曾發文「探尋幸福企業的密碼」提出了企業員工的幸福感問題。

根據密歇根大學格雷琴·施普賴策等學者的研究，長期來看，快樂的員工比不快樂的員工有更多的工作成效——其績效比所有員工的整體績效高出16%，並且職業倦怠率比同事們低125%。快樂的員工不僅對自己感到滿意，而且工作卓有成效，他們會參與打造企業和自己的未來，取得更大的成就。管理研究者對於企業員工的幸福感研究是功利的，當然這並沒有錯，但這樣容易陷入為了績效而追求幸福感，並非員工真正幸福而自然地提高績效。當我們的初衷就已變得功利的時候，就已經離「以人為本」越來越遠，最終仍然是痛苦的。

管理研究中的很多熱點和核心問題都最先發現於組織，但很少有人將其遷移到個人身上。這在很大程度上要取決於個人的悟性，這也就提高了管理走向大眾的成本。現代人的自我意識不斷覺醒，我們不僅渴望成功，更渴望幸福，我們在追求幸福的道路上獲得成功，「讓成功成為幸福的附屬品」成為了我們這代人的信念。

什麼是幸福感？幸福感是一種心理體驗，它既是對生活的客觀條件和所處狀態的一種事實判斷，又是對生活的主觀意義和滿足程度的一種價值判斷。在現實生活中我們如何考量幸福感？首先，我們要明確幸福感是一種心理活動，這種活動好似思維活動一般，我們無法觸及，這僅僅是一種感受，所以任何用數字量化幸福感的標準我認為都是不科學的，管理中有些事物是不能夠被量化的，但它們同樣重要。

相傳愛因斯坦曾在普林斯頓大學的辦公室門上掛著這樣一句話：「不是所有可以計算的東西都是重要的，也不是所有重要的東西都可以被計算」。量化的管理，仿佛更容易被市場所接受，更顯得科學，這事

實上是一種愚昧的認識。在這之前，我們需要明白管理中什麼可以量化，什麼不可量化，這才是科學的管理。然而，幸福感在個人管理中不可量化，我們能夠衡量的標準主要來源於兩個方面：第一，你是否感到快樂；第二，你是否感到滿足。即使這兩個標準，我們也無法具體地數據化。

在這一章節中自我溝通的意義在於讓我們變得快樂（關於滿足的問題會到第五章節中提到），我們每個人在生活常常會遇到一些矛盾，這些矛盾大多來源於認知與行為之間的矛盾，「理想很豐滿，現實很骨感」我們總是用理想化的心態去預估骨感的現實，自我的內心變得糾結、痛苦。大多數情況下並非別人和環境跟我們過不去，而是我們自己跟自己過不去。我們要獲得快樂，那麼我們必將解決這樣的障礙，理順自己。

如何成為一個擁有幸福感的人？

首先，我們需要認識幸福。哈佛大學心理學博士生馬修・基林斯沃思開展了一個名為「追蹤你的幸福」的項目，在 83 個國家招募了 15,000 人，讓他們用每天隨身攜帶的智能手機即時報告自己的精神狀態。該實驗主要得出了兩個結論：①思想越專注，幸福感越強；②一個人不同時刻的幸福差異要大於不同個體之間的幸福差異。該項目發現幸福的主要驅動力不是像居住地、婚否這樣一些穩定條件，而是一些不起眼的日常小事，幸福來源於日常生活。

其次，我們需要追求幸福。美好的東西我們應該也值得用求偶般的熱情去追求，幸福感的獲得有一定的方法，自我溝通卻是我們通往幸福的必經之路。這一章節主要介紹了個人如何良好地自我溝通。當我們以追求幸福感為目標的時候，我們已將踏上了走向幸福的道路，幸福與快樂成為了我們做事的準則，將不再是金錢與功利心。

最后，我們需要獲得滿足。滿足是一個心理學概念，我們是否感到滿足的關鍵取決於我們對某一事物的期望。期望理論是管理激勵理論的

個人管理的邏輯

代表理論之一,在第五章我將會更加清晰地闡述我們如何獲得滿足的問題。

　　幸福感能夠讓我們體會到人生的得與失,幸福感或將讓我們學會放棄,但我們將為此收穫快樂、家庭的和睦⋯⋯

4

控製的「點」與「面」

如果說自我領導決定我們將成為怎樣的人，那麼自我控製就決定著我們不會成為怎樣的人。因為控製，我們才能夠找到我們的底線。因為控製，我們才能夠拒絕成為怎樣的人。因為控製，我們才能夠使自我管理更加高效。

控製的本質

控製對於個人而言，在傳統意義上是個人權力慾望的表現。從人的個性角度出發，有的人天生喜歡控製一切，有的人天生被動，願意處在被控製的環境中。他們各自有各自的思考，這無所謂對與錯。不論是學習、工作還是生活，我們都能夠發現這兩類人的存在，我起初很好奇為什麼有些人對競選活動毫無興趣，不願成為具有「權力」的人。后來，我才發現他們的興趣點不在於「控製別人」，他們更樂於做自己喜歡的事。

在有的人看來，「控製」是一個可怕的詞彙，生活中我們欣賞有人格魅力的領導者，十分厭惡控製欲強烈的領導者。因為控製，父母與孩子之間有了距離；因為控製，老師與學生之間有了距離；因為控製，老板與員工之間有了距離。有的人不僅喜歡控製還熱衷於追求控製別人，因為控製能夠給他帶來權力，因為控製能夠給他帶來心理上的快感，因為控製能夠給他帶來更大的利益。

控制本身是一種管理行為，那麼從管理學的角度如何看待「控制」的真實內含呢？

管理學家斯蒂芬·羅賓斯曾這樣描述控制的作用：「儘管計劃可以制定出來，組織結構可以調整得非常有效，員工的積極性也可以調動起來，但是這仍然不能保證所有的行動都按計劃執行，不能保證管理者追求的目標一定能達到」[①]。世間唯一不變的只有變化，無論是個人管理還是組織管理，我們都無法保證計劃、目標確立之后就一定能夠按照我們所期待的那樣實現目標。事實上，當管理被運用的那一刻起，控制已然成為了不可分割的一部分。

在起初的組織雛形中，領導者採用「命令」的形式進行勞作分工時，控制的影子已經開始顯現。現在用達爾文的「物競天擇，適者生存」的觀點來看，個人物理性的生存需要依靠組織。組織的形成就自然伴隨著社會分工，也就意味著一部分人將控制另外一部分人，才能夠最終實現組織目標。這裡的「部分人」也是物競天擇的結果。從原始社會到階級社會，控制依然是社會發展的動力之一。

控制最初的意義是什麼？

《聖經》中摩西聽從岳父葉忒羅的建議運用「管理10人」規則，從以色列人中挑選有才能的人，立他們為百姓首領，做千夫長、百夫長、五十夫長、十夫長。他們隨時審判百姓的案件，有難斷的案件就呈到摩西那裡。包括中國最早的政治家管仲及管仲學派所著的《管子》一書也表達了同樣的觀點。

《管子》有言：「分國以為五鄉，鄉為之師。分鄉以為五州，州為之長。分州以為十里，里為之尉。分里以為十遊，遊為之宗。十家為什，伍家為伍，什伍皆有長焉。」今天，從這些管理行為中我們也能看到關於管理的領導、授權、跨度、組織和控制的影子。當秦始皇統一六

[①] 斯蒂芬· 斯. 管理 [M]. 4版. 黃 ，等， . 北京：中 人民大 出版社，1997.

個人管理的邏輯

國之后，中央建立的「三公九卿制」，地方實現的「郡縣制」，為全國所設立的官員等級制度，表面看來是授權，本質上仍然是控製。

這樣也得出了控製最初是為了輔助管理，它的運用主要是使管理更加有效。同時，我們也可以得出控製具有「有限的幅度」。當然，控製放在個人身上大多與個人私欲有關，控製只是一種獲取資源的手段，獲得個人權力欲的滿足。組織運用控製手段是為了更有效地實現組織目標，個人如果對他人使用控製手段，那將存在不可告人的目的。

控製的發現與管理職能中的激勵職能是不同的，前者是管理最原始的職能之一，后者是在社會人觀點發現后才逐漸引起人們重視的。今天，兩者對管理的影響同樣重大。管理理論家拉爾夫·C.戴維斯曾將控製定義為「對完成一個目標所需採取的行為和活動進行約束和調節的職能」。戴維斯對控製有較深入的研究，他確定了8項控製職能：例行計劃、日程安排、準備、調度、指揮、監督、比較、矯正措施。並且首先將控製分為三個階段：①事先控製，包括例行計劃、日程安排、準備和調度；②即時控製，包括指揮、監督和比較；③矯正措施。戴維斯關於控製的觀點幾乎成為了現代關於控製理論的基礎，而且這些觀點對於現代的組織管理以及個人管理同樣適用①。

控製在不同的時代具有不同的意義，畢竟管理學也是一門與時俱進的學科。在傳統管理時代，「集權」是最有效的控製方式，而在現在「分權」反而成為了組織最有效的控製方式。

---

① 丹尼·A.雷恩. 管理思想史 [M]. 5版. 健敏，黃小勇，李原，. 北京：中人民大 出版社，2009：406.

控製的關鍵點

　　管理需要環境。自我控製也是需要環境的。在原始社會和封建社會，大談自我控製是徒勞的。前文也提到「自我控製」觀點的提出者是管理學家彼得·德魯克，他所提出的無論是自我管理還是自我控製方面的理論，都建立在知識工作者群體之上，這依然受到了時代的局限性。事實上伴隨著科技的進步、教育的不斷前行、社會文化的開放，人人都將具備自我管理的基礎。自我管理與自我控製將像目標管理那樣被普遍地使用。

　　自我控製可能在今天都會被笑話，甚至存在著那麼一部分人無法理解自我控製。從古至今，控製被提及的無非是關於組織控製和他人控製。自己如何控製自己，並且是否能夠成為有效的管理行為，這是一個問題。在知識工作群體誕生的那一刻起，自我控製就已成為了可能，並將得到進一步發展。

　　什麼是管理意義上的自我控製呢？自我控製是指自我個體對思想和行為的約束和調節，使個人能夠更有效地實現目標。控製就是要在瞭解「定量」與「可變量」的基礎上，使一切變得可以控製。也就是說控製需要達到預知和控製事物發展方向的效果。認識自我控製的重要性，本身就有助於自我控製能力的提高。

　　自我控製不是做選擇，而是一種保障。自我控製並不是意味著我們要放棄某些東西，而是確保我們通過努力能夠實現最終的目標，獲得最後我們所期待的結果。所以，當我們已經做出選擇的時候，我們不需要猶豫，我們所需要做的只是確保選擇能夠順利地進行下去。通過長期觀察，我發現凡是需要控製的東西，都具有兩面性：我們既需要它的存

在，又害怕它肆意發展。這實際上又要回到管理的關鍵點「度」的思量和把握。

德國哲學家黑格爾曾這樣說道：「凡人間的事物，一切財富、榮譽、權力，甚至快樂、痛苦等皆有其確定的尺度，超越這個尺度就會招致毀滅。」財富、榮譽、權力、快樂、痛苦……這些都是我們在成長中必然會經歷的，但如何把握住這樣的一個尺度，一個不會導致我們走向毀滅的尺度，是自我控制的關鍵。我們既需要控制，更需要成長，無疑這是一個控制成長風險的職能。四川省政協前秘書長彭柏林先生曾在其所著的《現代有效領導論》的開篇這樣說道：「為政者第一要務，即審時度勢。」為政者或許一直在尋找各個領域關於「度」的問題。事實上，無論是政治、經濟，還是社會管理，度的衡量永遠是非常重要的因素，特別是在治理和發展階段。

關於「度」的問題，實際上是一個哲學的問題。馬克思曾在其哲學體系中指出「度」是事物從「量變」到「質變」的界定，事物的一切變化均與「度」有關，一旦超越了一定的「度」，那麼事物必將改變其性質。所以「度」實質上是一把雙刃劍，我們希望好的事物能夠發生質的改變，我們又不希望不利於我們發展的事物有質的改變，這並不矛盾，而是人性最真實的反應。

在以前聽到的管理講座中，有培訓師將管理簡單地分為「管人和理事」兩個部分。這樣的說法雖然簡單，但卻也算是把握了管理的兩個核心要素：人和事。對於控制而言，也無非是對人性的控制和對事物進程這兩個方面的控制。

在這兩個方面各有一個非常著名的理論，在對於人性的控制和管理方面，很多人大概都聽說過「蘿蔔加大棒」模式，這也是激勵理論基於著名的「X理論和Y理論」人性假設的激勵方式，由美國心理學家道格拉斯·麥格雷戈（Douglas McGregor）提出，該理論的基本觀點認為：人性大概可以分為兩類，其中一種是消極的X理論，另一種是積

極的 Y 理論①。

1. X 理論

（1）這部分人天性好逸惡勞，只要可能，就會逃避工作；

（2）以自我為中心，漠視組織要求；

（3）這部分人只要有可能就會逃避責任，安於現狀，缺乏創造性；

（4）不喜歡工作，對於他們需要採取強制措施和辦法，迫使他們完成組織目標。

2. Y 理論

（1）這部分人並非好逸惡勞，而是自覺勤奮，喜歡工作；

（2）這類人具有很強的自我控製能力，在工作中執行完成任務的承諾；

（3）一般而言，每個人不僅能夠承擔責任，而且還主動需求承擔責任；

（4）絕大多數人都具備做出正確決策的能力。

雖然在現代管理理論中這是由麥格雷戈所提出的人性的假設，但是早在中國春秋時期就已經有了對人性的基本假設——「性本善」與「性本惡」的人性假設與麥格雷戈理論本質上是一致的。關於人性的假設問題，需要認識到我們無法中立地站在人性兩面性的任何一面，大多數情況下我們是複雜的、多變的，如前文所言我更願意承認複雜人觀點。關於人性問題的研究，不僅服務於管理激勵理論的應用，更是一個管理者（無論是入門還是進階）需要認真思考的問題。

作為自我管理者的我們，需要認識到自己身上所具有的人性，我們能否從自己的行為中找到人性的影子。我是否會主動學習和工作？我是否勇於承擔責任？我是否要在外界的壓力下才能夠實現個人目標？這些問題的答案，將告訴我們自己身上所展現出人性的影子。人性好似一個

---

① 周三多. 管理 [M]. 3 版. 北京：高等教育出版社，2010：259.

個人管理的邏輯

黑洞，裡面蘊藏著許多秘密，需要我們自身不斷地挖掘。在不同的階段，我們身上所表現出來的人性有所差異：真正原始的人沒有獨立主觀判斷時完全是生物性的表現；長大后，人性披上了道德、法律和知識的外衣，在不同環境下不同的人身上所展現出的人性就變得有所差異。

關於對事方面的控製，以「甘特圖」的發明影響最為深遠。甘特與「甘特圖」的發現，無疑對事的控製給出了最有效的解釋。對於那些學習過管理學或者工程管理的人，亨利勞・倫斯・甘特並不陌生。作為泰勒最優秀的門徒，甘特的一生創造了許多管理理論，如「工作任務與獎金」制度，工人如果完成了當天的任務，就可以拿到每天50%的獎金。但是讓歷史記住甘特的還是「甘特圖」的發明，「甘特圖」首次運用圖形來展現事情進展計劃和控製，雖然它存在著很多形式，但是它對后世管理的圖表分析和數據分析有著標誌性意義。

最簡化的「甘特圖」見圖4-1：

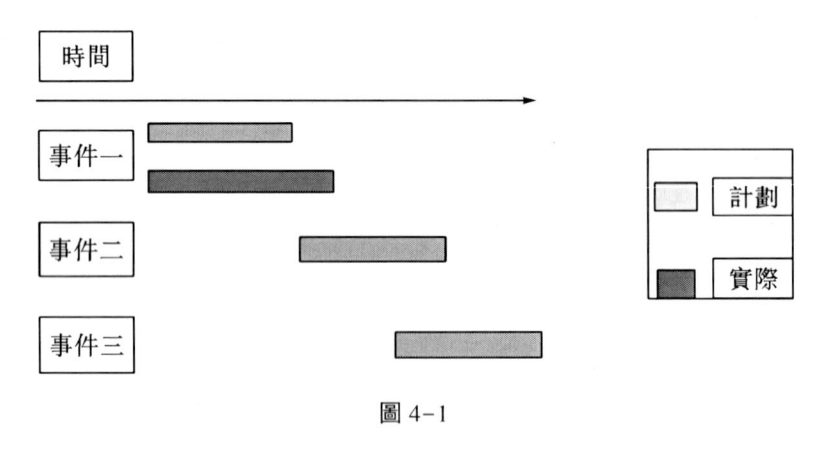

圖4-1

甘特運用圖形來輔助管理中的計劃和控製，在當時是一種革命性的管理思想。即使在今天的管理學研究生考試中，「甘特圖」依然是一個重要考點。現代管理中提倡的計劃評審技術，一種建立在對時間和成本的計劃和控製基礎上的、更加複雜的電腦化圖解。這些技術的發明者都

是在甘特的原著中找到的靈感①。不論是在工程管理還是自我管理中，都有一條主線那就是「時間線」。

自我管理最早起源於個人的時間管理，對於時間的管理不如說成對時間的控製。除去控製的動詞屬性，控製是對於計劃而言的，我們為了按時完成計劃從而才會產生控製行為，所以控製是為了保證計劃和決策的順利實施。時間是自我控製範圍中較少可以量化的變量（特別是早期的時候），因此最早的自我管理研究由它開始也不足為奇，我們可以選擇以「時間」為主線製定一些自我管理的量表。在自我管理的初級階段，這樣的管理方式所產出的結果是十分顯著的。

管理學經過100多年的發展，已經證實單靠科學化的管理過於生硬，有的時候達不到人們所預期的效果，特別是在社會的進步和開放的環境下，除了工具、流程、圖標這些可以量化的管理方式外，人力資源的開發也顯得越來越重要。人不能夠向機器那樣標準化，社會向後發展對於人的創新能力要求越來越高，原先的標準化作業卻壓抑著人的創造性。科學的自我控製不是時間控製那麼簡單。自我控製還包括情緒、慾望等可變的人為因素。

如果說自我領導決定我們將成為怎樣的人，那麼自我控製就決定我們不會成為怎樣的人。自我控製的過程實質上是思想與行為的博弈，也是自身能力與環境的博弈。這個過程一定是矛盾的，最痛苦的莫過於人性、道德、法律之間的掙扎。我從不認為自我控製的能力等同於意志力，即使我承認意志力的訓練對於自我控製能力的提高非常重要。如果我們每個人都是一名賽車手，那麼自我控製的能力就是我們能夠確切地控製賽車進行提速或降速的能力，而意志力的作用好似賽車的煞車，賽車的煞車性能的好壞對於整個賽車過程至關重要。

---

① 丹尼·A.雷恩.管理思想史［M］.5版.健敏，黃小勇，李原，．北京：中人民大出版社，2009：184．

個人管理的邏輯

控製的維度

　　自我控製與組織控製相似，它們都存在著多個維度，這主要是由社會角色和個體本身的複雜性所決定的。在本節，我選擇從關於個人控製相對熱點的角度，從不同的角度談自我控製及其方法論。這些方法並不陌生，但是希望能夠為大家提供一次全面的思考，更重要的是能夠讓讀者打開思路，引發自己對自我控製方面缺陷的剖析並找到適合自己的方法論。

控製的維度（一）：控製情緒

　　對於情緒，我們通常的說法就是關於我們生活中的「喜怒哀樂」，情緒的本質是一種反饋。當開心或者不開心的時候，我們會有一種表現來展示出自己的開心或者不開心的狀態，這就是情緒。美國哈佛大學心理學教授丹尼爾・戈爾曼認為：「情緒意指情感及其獨特的思想、心理和生理狀態，以及一系列行動的傾向。」丹尼爾・戈爾曼教授也因為關於情緒管理的研究成果被稱為「情商之父」。

　　在戈爾曼教授的「情商」理論中，情商存在的基礎是人對情緒管理的能力。從現在關於情緒的研究來看，通過深入地觀察，你會發現情緒管理主要集中在控製，而不是管理。情緒管理為什麼能夠引起廣泛大眾的關注，其實情緒本身並沒有什麼值得關注的，正如前文所言情緒本身只是一種反饋。真正引起大眾廣泛關注的原因是情緒之後所帶來的行為衝突，而這種行為衝突在每個人的身上都存在。

情緒是一種生物性的反饋，它好似一種條件反射。但它又與單純的條件反射不同，它的形成首先要經歷一段心理過程，心理結果反饋到我們個人的面部表情或者肢體行為，這樣整個情緒過程才算完成。在對人的情緒進行分析時，有一個區別於動物情緒的因素——社會因素。

當你去峨眉山遊玩時，猴子找你要吃的東西，但是你故意戲弄它時，它馬上會感到非常憤怒。這樣的憤怒，是生物性情緒的真實表達，這種情緒是最直接、最單純的反應。人類卻存在著社會性情緒，人情緒的產生過程比其他動物產生情緒至少多一個環節。因為人具有理性，雖然這個理性是有限的。但正是由於這個有限理性的存在，人所表現的情緒可能存在失真的情況。

「情緒失真」是因為人最終的情緒受到了人社會性的束縛，最終實際產生的情緒並不真實。我們在生活中常常說某個人虛偽，為什麼會得到虛偽這樣的結論呢？很大程度上是由於我們通過長期觀察認識到了這個人所表現的情緒與實際的個性不相符。當然我們無法用對與錯去衡量虛偽對於一個人品質的好壞，只是別人不希望我們看到什麼而已。

所謂「天下武功，唯快不破」，為什麼唯快不破呢？從哲學的觀點看，任何事物都有著優勢也存在弱點。快只不過是為了防止對手看到你的弱點。正如「論道做人，為真不破」，無論人如何偽裝或者虛假，總是會露出破綻的。一個能夠處處出現「情緒失真」的人，還是真的難得，這也對情商提出了很高的要求。這個世界總是充滿喜劇性的存在，總是有人為實現「情緒失真」的偉大目標而痛苦掙扎，有時候我們不得不問問我們自己為什麼要極力地掩飾自己的情緒？因為大家都在這麼做，好似人越成長，自己身上的外衣越多。這樣看，人的成長就像春蠶作繭一樣，最終自己的空間越來越小。

瞭解自己的情緒是自我控制的前提，當人們長期考慮社會環境的因素，自己所表達的情緒是否真實，這實際上已經成為了一個值得思考的問題。如果我們已經變得讓身邊的人覺得虛偽，我們的情緒管理首先要

做的就是「還原情緒」。我們需要去找到干擾我們情緒失真的主要原因是什麼？

我們情緒失真的因素主要來源於以下兩個方面：第一，個人存在心理疾病。我們內心事實上存在某些陰影或者秘密，我們情緒的直接表達或將引起他人對於我們陰影或者秘密的關注，所以我們需要極力掩飾。第二，社會規範。這樣的規範可能是來源於道德、法律、社會規範，這個角度主要是從情緒的釋放角度出發。情緒實際上是一個過程，從我們感知情緒到情緒釋放這個過程，我們會經過大腦的處理。所以，我們情緒所表現出的行為，已經不是原始行為，而是社會行為。

情緒存在正面情緒和負面情緒的區分，通常我們所說的情緒管理主要是對負面情緒的管理。社會規範可能會導致我們的情緒得不到適時地釋放。但是，我們需要確定的一點是社會規範是情緒釋放的底線。不論是正面情緒還是負面情緒的釋放，它們都需要遵守社會規範的底線，釋放是合理的而不是破壞的。

情緒是一個讓人忘記自己和迷失自我的關鍵因素，正面情緒利用得好將成為積極的自我激勵，否則將會把人帶入自負的境況，產生破壞性結果。古語言「樂極生悲」，大概就是這個意思。負面情緒地釋放更具必要性，若長期的負面情緒得不到釋放，整個人將變得壓抑，長此以往人將具有明顯的心理疾病，再往上看負面情緒的不正當釋放，所產生的破壞性影響更為深遠。

在管理理論中有個非常著名的普遍適用性理論「帕累托原則」（俗稱「二八原則」），該原則由義大利統計學家帕累托提出。帕累托經過研究發現影響事物發展方向的主要由其20%的關鍵因素決定，剩下的80%雖然所占份額較重但是並不影響事物發展方向。

中國改革開放之後，該理論曾風靡全國被廣泛應用到社會的各個領域。有人曾提出：「一個人的成功，20%由智商決定，80%靠情商決定。」該結論一出現，中國開始瘋狂地研究情商相關的課題，培訓界也

出現許多與之相關的課程。在思維定式中我們認為智商來自遺傳，這不能被改變。人要獲得成功必須要提高情商，仿佛這也成為了唯一途徑。

今天我們看到許多關於大腦開發與訓練的研究成果不斷出現，人們開始相信大腦可以通過后天的訓練改變我們的心智模式。因為在出生前10年乃至20年，部分人們通過簡單的情商訓練並未獲得現實意義的成功，人們開始相信科學，相信神經科學和腦科學，更加理性地認識自己。這在今天看來實際上是進步的，人開始學會全面的認識自己，認識更深入、科學和理性。人們如今對待成功的問題似乎沒有那麼瘋狂，人們開始關心的主題已經昇華為追求幸福，或許這是這個時代帶給我們的。

情商的原意為「情緒智能」，也就是掌握情緒的能力。情商的訓練和提高是需要以智力作為支撐的，一個沒有正常智力的人，談情商是徒勞的。我們需要正視人的成長大多是與其成長環境和經歷相關的，在這個過程中我們會學習和借鑑一些他人的經驗來幫助我們成長。分開討論智商和情商對於個人並無多大意義，因為我們既要認識我們的大腦、我們的神經、我們的心理，又要從自我和他人的經歷中提取對我們有意義的東西。我們既要認識到情緒的本質，又要去尋找情緒管理的方法。對情緒越深入的思考，我們越能夠認識到情緒產生和影響的廣泛性，這些只有經過你自己的思考之後，你才能夠有所收穫。

三國時期，司馬懿在上方谷受困，孔明乃取巾幗並婦人縞素之服，盛於大盒之內，修書一封，遣人送於魏寨。懿拆視其書，略曰：仲達既為大將，統領中原之眾，不思披堅執銳，以決雌雄，乃甘窟守土巢，謹避刀劍，與婦人又有何異哉！今遣人送巾幗素衣至，如不出戰，可再拜而受之。倘恥心未泯，猶有男子胸襟，早與批回，依期赴敵。司馬懿看畢，心中大怒。乃佯笑曰：「孔明視我為婦人耶！」即受之，令重待來使。

這只是一個關於負面情緒控製的非常簡短的例子，該例子證明了當

個人管理的邏輯

一個人處在不同的角色時，那麼對於情緒的控製意義也就不同。作為軍事主管的司馬懿在此處能夠控製自己的情緒，對於整個三國最終格局都起著至關重要的作用。司馬懿忍辱之後，孔明心神不寧，他這個時候已經知道蜀國不會成功。

雖然我們不是司馬懿，但是我們要認識到正如傑克・韋爾奇所說的那樣，我們每個人都可能是不同圈子中的「大人物」。我們總會有一定的影響力，特別是在互聯網時代下，「開放」和「分享」精神的蔓延，網絡「草根」的異軍突起，不論是大V還是普通網民，大家都能夠形成一定的影響力，因此控製情緒就變得尤為重要。

情緒具有一個十分突出的特性：傳播。情緒是能夠傳播和感染的，在我們還沒有認識到自己的影響力的時候，情緒已經傳達出了這種影響力。互聯網的出現，這種情緒擴散的範圍變大。在微博上有個十分有趣的現象，當你去觀察大V言論的評論頁，你會發現存在各種有理由無理由的謾罵之聲，我無法感知這是理性的崛起還是什麼行為。我在玩英雄聯盟游戲時也發現了這種奇怪的現象，游戲一開始就有隊友開始渲染負面情緒，一片謾罵之聲不絕於耳。當然，這樣最終游戲的結局往往是以失敗告終。我們控製好自身的情緒，才能夠真正實現團隊的有效協作。

關於情緒的威力，我們有時很難想像它到底有多麼大。我們需要提高自我的情緒控製能力，因為當我們受到負面情緒影響時我們會傳染給他人，如同事、同學、家人等，我們本身需要提高對負面情緒的抵抗力。在團隊管理中團隊主管和成員也需要注意抵制負面情緒成員的存在，團隊中存在負面情緒是有百害而無一利的。

控製的維度（二）：控製時間

時間管理是自我管理最原始的方式，真正意義上的自我管理概念的

提出源於第四代時間管理理論。時間是一個人生命的基本組成部分。自我管理源於時間管理理論，但在本書中我將時間管理劃入自我控製部分，因為現在市場上許多書籍都著重於時間如何分配的問題，而沒有意識到其實我們的時間更需要控製。世界唯一不變的是變化，我們對時間的分配在現實中總會有瑕疵，我們不可能隨時隨地地分配時間，大多數情況下我們能做的是對時間的控製，因此研究如何有效地控製時間更具意義。

時間管理實質上是對時間的控製和利用。我們的生命都由時間的點點滴滴匯集成，時間是一種資源，對個人的發展來說時間資源是一切資源中最寶貴的資源。沒有時間就沒有生命，更不用談論自我管理、自我發展。筆者認為沒有時間概念，社會將不存在。

關於管理是科學還是藝術之爭的焦點，集中在管理的「量化」問題上。量化的管理學對於人們更具吸引力。數據對於人們來講，更為嚴謹和可信，最關鍵的一點在於根據數據所作出的管理方案具有相對其他方案而言更具可操作性。比如績效管理（KPI績效考核）的發現，組織提煉出能夠量化的指標對員工進行考核，希望以此來推動員工的工作效率和工作完成進度。值得我們注意的是：績效考核的忠實崇拜者——互聯網公司，已經逐漸認識到績效考核可能束縛人的創造性。在創新推動組織進步的時代，這些公司已經開始慢慢調整績效考核的指標變得柔軟，更具柔性並尊重人的創造性。管理的元素中並非所有的都是可以量化的，存在人的因素就存在「感覺」「意識」這些不可量化的因素。

時間是現在自我管理體系中較少可以量化的指標，我們在很早就接受這樣的教育：上帝對我們是公平的，因為我們每個人的一天都是24小時。雖然每個人的生命長度存在差異，但是如果用「天」乃至「小時」來衡量我們的時間，我們每個人的時間毫無差異。彼得·德魯克曾

個人管理的邏輯

在《卓有成效的管理者》一書中談到：「時間管理面臨最大的問題就是浪費。①」我們大部分時間都是被浪費掉的，這點基本上已經成為人們的共識。在社會取得成就的人士，不論是「卓有成效的管理者」還是「高效能人士」，他們對時間的有效利用明顯優於我們平常人。

管理中存在這樣的悖論，管理研究者雖然承認管理對於人的一般意義，但是研究的焦點卻集中於「成功人士」。管理研究大多屬於后知后覺的，真正卓有成效的管理者卻具有超乎常人的預見性。

雖然彼得·德魯克和斯蒂芬·柯維都認識到了自我管理的重要性和時代性。但從他們的代表作《卓有成效的管理者》和《高效能人士的七個習慣》中，我們可以看到他們研究依然局限於社會組織中擁有一定社會地位和資源的人群。通俗地說：他們所傳授的就是讓成功的人變得更為成功，讓管理者變得更卓有成效，讓優秀的管理者如何成為卓越的管理者。當整個社會都是這樣的研究和應用風氣時，社會的兩極分化將更加迅速、更加凸顯。

某電視劇中有這樣一句臺詞：「任何事物發展到最后都是好的，如果不是好的，那麼說明事情還沒有到最后。」人的成長和事物的發展近乎相同，我們從出生后就開始伴隨著成長，成長不僅意味著我們的經歷不斷增多，更多的是我們的金錢、地位、資源的增多。當我們開始獲得一絲成就后，我們開始進入瘋狂的狀態，只為獲取更多的金錢和物質。像《卓有成效的管理者》中德魯克所談的那樣，管理者開始出席和應付各種會議和活動，他們的時間就開始不屬於自己。

這種現象在管理學中，很早就有管理學家給出瞭解釋。管理者越往上走，那麼他的人際角色就會越來越凸顯。現在許多論壇和會議的存在，也正是由於管理者人際關係發展的需要，他們需要去各種場合尋找有利於企業發展的因素。

---

① 彼得·德　克. 卓有成效的管理者［M］.　是祥，　. 北京：　械工　出版社，2009：28.

我曾有幸參加過一個全國性的互聯網發展論壇，現在人們參加各種活動的目的已經不同了。記得當時坐在我左邊的女士，我問她為什麼來參加這個論壇呢？她回答我：「領導部門通知她來開會。」她這樣的回答透露出了她的無奈。當然，我也是被領導安排的，唯一慶幸的是我對互聯網還是充滿著興趣，以至於開會的過程沒有她那麼痛苦。右邊的男士目標就更明顯了，因為他是一位國際投資公司中國區的負責人，來這裡他完全扮演的是人際關係的角色。

　　這是一個非常有趣的現象，當一個人越成功，他的時間越來越不屬於自己。仿佛自己的時間已經被社會或者組織所安排了，或許他認為有些活動完全毫無意義，也只能無奈地接受這樣的安排。相對於傳統企業而言，新興的科技創業公司更願意把核心精力放在產品研發和創新上，他們的核心管理層只參加具有代表性的會議，一般性會議公司都有專門的助理去參加，這個助理的職責最重要的職責就是「開會」。當我們沒有身處高位時，就無法理解「高處不勝寒」的真正意義。這裡的「寒意」，我想有部分來自於本來屬於自己的時間卻被組織或者社會所安排，自己對生活的無奈。

　　從學術的角度看自我管理，我們如何進行時間管理呢？時間的管理與事件存在緊密的相關性，任何時間對於個人來講總是在做各種事情。通過時間管理，我們認識到「事務性事件」和「戰略性事件」。時間管理的本質是提高我們時間管理的有效性，減少浪費。因為浪費的時間不僅是個人的時間，更重要的是我們可能無意識地浪費了別人的時間。凡是雙向或者互動的個體和群體，都應該注意到這個問題——有效的溝通就是節約他人時間的表現。

　　時間管理與其他管理一樣，並不存在著有與沒有的關係，管理的核心問題是對管理的有效性研究。對於個人而言，當我們有意識地進行自我管理時，那麼我們關注的核心只有一個，那就是自我管理是否有效。有效的時間管理一定能夠有效地進行時間控製。我們天生是具有時間分

個人管理的邏輯

配的能力的。有的人並不懂得真正意義上的管理，而是順其自然，他們沒有計劃也沒有目標，時間按著他們的心情或者情緒漸漸流逝，更多的時間被浪費。有計劃有目標的人，他們相對前者更加重視對時間的控製，他們強調自己在規定的時間內努力去完成自己確定的目標，從而按照計劃實現最終的目標。

關於時間管理彼得・德魯克與斯蒂芬・柯維都給出了近乎相同的答案，那就是「要事第一」。這裡值得注意的是，他們所談到的是「要事」而不是「急事」。這裡容易讓人產生的誤區就是人們把「要事」等同於「急事」。在第四代時間管理理論中，「時間管理矩陣圖」的發現成為了時間管理理論的焦點。研究者們把我們一生所處理的事件分為四個類型：既緊迫又重要、重要但不緊迫、緊迫但不重要、既不緊迫又不重要。

I 既緊迫有重要	II 重要但不緊迫
III 緊迫但不重要	IV 既不緊迫又不重要

圖 4-2 「時間管理矩陣圖」

時間管理矩陣圖的發現，讓我們更加清晰地認識自己的生活。認識論之后，方法論的出現，那就是「帕累托法則」（2：8法則）的運用，前文提到過這個法則的普遍適用性，研究者認為我們每天80%的時間都是被浪費掉的，真正有效的時間只有20%。一個人最后的成就往往是由於20%的關鍵因素所決定的，80%的付出對於最終結果並無太大影響。當然這裡的2：8的比例，並不一定適用於每一個人。雖然人與人之間存在著差異性，但是我們確實存在這樣一個比例。研究者還認識到，所有事件中對於我們真正重要的事是重要但不緊迫的，我們應該把主要的時間放在重要但不緊迫的事情上，長期堅持才會取得較大成功。

「2：8原則」形成一股研究熱潮之後，現在關於時間管理又提出了「721法則」。他們認為一個人按照「7：2：1」這樣的比例來分配和管理自己的時間，這樣的時間管理會更加有效。他們提出一個人一天70%的時間用於當天的工作，20%的時間用於明天的準備，10%的時間用於下周的計劃籌措；70%的時間用於工作，20%的時間用於家庭生活，10%的時間用於娛樂、社交等；70%的時間專注於原本的工作，20%的時間花在跟核心工作有關的新事物，10%的時間花在完全沒有關聯的事物上。

今天我們看到「7：2：1法則」與當年瞭解「2：8法則」時一樣興奮，但是我們需要注意到管理的時代性和本質之間的差異性。新的發現固然可以引起廣泛的興趣，但是我們需要找到的是屬於自己的時間管理比例，或許你的時間本身按照2：8的比例就能夠有效率，但是你個人單純認為7：2：1的時間管理比例更適合自己，這是現代管理最容易出現的誤區。數據化管理雖然值得提倡，但我們自己需要建立怎樣的標準值得深思。

當我們在戰略上找到一件事值得我們堅持，我們已經找到重要且不緊迫的事件后，我們需要做的是「專注」。專注是時間管理有效性的催化劑，《紐約客》專職作家格拉德維爾認為：「天才不過是做了足夠多練習的人，藝術領域也不例外」。他總結出了「10,000小時定律」，研究顯示，在任何領域取得成功的關鍵與天分無關，只是練習的問題，需要練習10,000小時，大腦就能夠吸收達到精通所需要知道的東西。每個人的天性不同，有的人天生對數學敏感，有的人天生具有音樂天賦。但是無論是否具有天分，我們要想在某一領域獲得成就，都必須付出時間和專注，也只有專注才能夠提升時間管理的有效性。

對於一般的事物性事件的時間管理，我們需要不斷更新。事務性的事件一般所用時間不長，因此它的計劃和管理也相對較短。生活總是變化的，時間總在流逝著。像哲學家赫拉克利特所提到的一樣，我們不能

兩次踏入同一條河流。因此我們需要不斷地調整我們的時間分配方案，讓時間能夠滿足我們對事物性事件的需求。合理的分配就是控製。

最后，關於時間管理應該迴歸，我們需要把更多的時間留給自己，不要被組織所綁架。我們需要認識到「組織讓我工作」和「我為組織工作」的意義完全不同。當我們仔細地研究自己的時間用在哪裡時，我們大多數人是被動的。原本屬於我們自己的時間卻被動地被安排，這些值得我們去深入自省。看看自己有多少時間是在無意識中被浪費掉的，如何更多地控製自己的時間，只有這樣我們才能夠活得更像自己。

控製的維度（三）：禁欲是錯誤的

我們凡是活著，總是帶有一些想法、期待和希望。當一個人已經喪失想法時，我們一般形容這個人已經「萬念俱灰」或者「看破紅塵」。這些想法或者期待，我們稱之為人的慾望。

「慾望」是什麼？《新華字典》這樣解釋道：「慾望即想得到某種東西或想達到某種目的的要求。」人的慾望有原始性的，也有在后天環境中養成的。據心理學家研究表明：人天生的慾望是攻擊欲和性欲，其他的慾望都是在后天環境中養成的。

需要是產生慾望的基礎，一個人在物質條件豐富的環境中所產生的需要與在缺乏物質條件的環境中所產生的需要明顯是不同的。客觀地舉例說，在偏僻環境中生存的貧窮家庭的孩子，首先想的是改變貧困的生活條件，因此他對生理需要、安全需要等基本需要更強烈。生理需要成為了他的慾望並且很強烈。在繁華的大城市中生活的富裕家庭的孩子，首先想的是更好地享受生活，增加生活閱歷，到處旅遊，增加見識，他們對認知需求、審美需求很強烈。因此，環境是產生需求的基礎。我們或許不能理性地認識我們所處的環境，但是我們在環境中所表達的需求

卻是真實的。好似營養學領域的研究者發現，我們往往最需要的食物，正是我們身體所需要的。

數學的魅力在於其背後的邏輯，理性的推論看似更容易使人信服。人在大多數時候是感性的，但是我們卻表現得十分理性。那麼慾望在我們的生活中存在怎樣的環節之中呢？當你仔細推敲會得出這樣的結論：「需要產生慾望，慾望產生動機，動機產生行為。」任何認真去討論潛意識和顯意識的行為，都沒有直接拷問自己內心的需要來得直接。因為在剖析自我的過程中，我們會發現自己原來那麼複雜，越剖析自己越痛苦，反而沒有尋找內心的需求來得根本和直接。

我們的需要很豐富、很繁雜，這並不好把握。慾望卻比需求來得明顯，我認為需求並不會因為環境等其他客觀因素而改變，它是客觀而廣泛存在的。需求與慾望相比較，只有量和緊迫性的差異，而這些卻是由外部環境所帶來的。當我們某項需求的量和緊迫性達到一定程度，並且明顯高於其他需求時，這樣的需求就是我們的慾望。心理學家馬斯洛曾把這種需求稱之為「優勢需求」。

在馬斯洛的代表作《動機與人格》中並沒有對「優勢需求」下過準確的定義。現在人們普遍這樣理解：「優勢需要」即人同時存在多種基本需要，但在不同的時候，各種基本需要對人的行為的支配力是不同的，在所有的基本需要中，對人的行為具有最大支配力的需要就是「優勢需要」[1]。

一個人去沙漠尋找沙漠奇觀，但由於意外困在沙漠中沒有食物，這時他對食物的需要即生理需要高於一切。此時，他心裡唯一的念頭就是「生存」，在他的眼中生理需要超越了一切，就會產生尋找食物的動機，隨后產生尋找食物的行為。這時他心裡只有對生存的強烈慾望，然而其他需要在他眼中則被忽視。同樣的，一個人在沙漠中去尋找沙漠奇觀，

---

[1] 伯拉罕·斯洛. 人格[M]. 3版. 金, . 北京：中 人民大 出版社，2007：28.

個人管理的邏輯

但這個人很幸運，他所追求的就是對審美的需要，並非像前者那樣對食物有強烈的需要，這時他對食物沒有慾望，因為他有足夠的食物。這時他的慾望是對沙漠奇觀的審美需求，其他的在他眼中沒有那麼重要。他會產生對沙漠奇觀的探索動機，隨后產生相應的行為。

一個人的優勢需要是伴隨著環境的改變而隨之改變的，優勢需要具有唯一性，且它的存在能夠淡化我們對其他需要的迫切性。心理學家馬斯洛曾提出過「協調化控製」理念，他這樣解釋協調化控製：「它根本就與對需要的滿足不相矛盾，它可以通過各種手段使人們享受到更大而不是較小的滿足。」關於慾望的控製，我認為協調化控製是目前最有效的控製方法。馬斯洛的「協調化控製理論」正視了人性，對人的需求給予了尊重和理解，它並不像宗教所主張的「禁慾」。當我們正視人性之后，根據個人所處的環境尋找到自己的優勢需求，從而達到協調化控製的目標，使我們在生活中獲得較大的滿足。

慾望的存在對於管理而言，它就是一把雙刃劍，當然這一切都是在人性的基礎之上的。無論是在農耕時代、工業時代還是知識經濟時代，人只要存在慾望，管理者就能夠對人實現激勵和控製。但是當人的慾望極具膨脹時，不論是對個人還是對組織都是具有破壞性的。這個時候對於個人慾望的協調化控製就越顯重要，也正是有這些因素的存在，平衡才成為了管理的基調。

通常情況下，如果人能夠合理地控製自己的慾望，那麼我們對於自己的生活就是可控的。行為一般是慾望的終結者，當一個人的行為結果並未滿足慾望時，他將產生新的行為直到慾望得到滿足。事實上，當這種情況出現時，我們的慾望越穩定。這個過程中有兩個變量：第一，優勢需要。它雖然具有唯一性，但同時也具有可變性。第二，個人的意志力。意志力薄弱的人會退而求其次，從而人為地轉變優勢需要。

我們需要認識到慾望並非一定會產生正確的行為，更多情況下慾望只是行為的解釋。慾望與行為之間往往會產生循環模式，它們存在惡性

循環和良性循環。惡性循環每次循環只能激發慾望，也是宣告上次行為的失敗。良性循環更多的是一種「大慾望，小行為」，這是正確的行為，對慾望產生的是滿足。當我們的生活是可控的時候，我們往往是幸福的。

慾望應該成為人成長中的過客，人不應該因為某個慾望而停滯不前。當慾望大到可以操控一個人的世界觀、價值觀和人生觀的時候，那麼他離悲劇已經不遠了。以史為鑒，從古至今歷來的貪官權臣大多都是具有超強才幹的能臣，他們在情緒控製和時間控製中做得近乎完美，最終導致滅亡最大的問題就是對慾望控製。他們面對的誘惑太多，不得不產生高處不勝寒的感受，他們面臨的誘惑無非來自於「金錢、美色、權力」三個方面，誘惑是慾望的膨脹劑。我發現馬斯洛的「需要層次理論」並不能很好地解釋貪官的心理，因為這些過程中有的官員是自主的膨脹慾望，有的官員是被動地接受，這些官員的行為與慾望就沒有太大的直接關係，反而是環境所誘導的結果。

需要本身就複雜地存在於每個人的身上，但是當需要受到外界的干擾時，這些需要很容易變為慾望，甚至導致這些慾望變得膨脹。官員是一個特殊群體，因為他們參與資源的分配卻不是資源的所有者，這個群體對於慾望的控製幾乎是一項艱難的挑戰。協調化控製對於他們來說也不一定行得通，最終成為貪官的能臣干吏，也有人不貪金錢、不貪美色、不貪權力，但是對於這些多少他們都有一些愛好，他們本身把這些愛好作為磨煉自己心性的雅好，但是就是有一些下屬不斷地激發他們的慾望，一直刺激到他們無法自我控製的地步。所以這些官員不論如何協調控製自己的慾望，總有人刺激他們的慾望不斷膨脹。

對於社會中的其他群體，協調化控製還是有效的。比如企業家，當他的財富累積到一定程度的時候，金錢對於他們本身已經沒有誘惑和慾望了。他們可以自由地轉化慾望，比如去登山、環遊世界等。他們的慾望是可以直接有效轉化的。當慾望能有效轉化的時候，一個人犯大錯誤

的概率就降低了。

禁欲是一種最極端的慾望控製的方式，這種方式是錯誤的，也是愚蠢的。禁欲更像是背叛自己，人性無論善惡我們都需要瞭解它。慾望的控製不需要禁止，需要轉化成慾望本身背後就有存在的原因。我們需要做的是瞭解這背後的原因，尊重人性就是尊重自己。慾望本身也不是十分可怕的事情，我們需要注重實現慾望的方法與途徑，慾望也只有在你不害怕的時候，你才能夠去控製它。對於慾望本身，我們也不需要去判斷它存在的好壞，它只是自我需要的一種表達，我們需要把有限的理性用於思考和判斷實現慾望的方法和途徑。

控製的維度（四）：能量需要釋放

一個人具有衝動行為，那麼這個人的自我控製能力就有提升的空間。衝動又區別於情緒、時間、慾望，關鍵在於衝動是能夠產生直接性的行為，給人總是那麼「一瞬間」的感覺。衝動對於我們每個人都是有所經歷的，沒有衝動的人生是殘缺的。人在青少年的時候特別容易衝動，這也是青少年的成長特性，我們沒有任何理由去批判它。

前文已經談到攻擊性是人具有的原始特性之一，衝動與人的攻擊性是密切相關的。我們的任何衝動行為都帶有一定的攻擊性，無論這種攻擊性是出於「自衛」還是「徵服」的目的。大多數研究者都認為衝動與身體的激素有關，青少年時期是我們生理成長最為迅猛的時期，身體激素分泌十分充足甚至旺盛，這個階段也是最容易產生衝動行為的階段。我們很少看到老年人有衝動行為，激素的淡化和思想的成熟都是原因。

由於每個人生理條件的差異，即使在青少年時期每個人的衝動表現都有所差異。思想的成熟對於衝動的產生本身具有控製作用，但是思想

的成熟也需要人更多的經歷和思考，青少年時期思想還在走向成熟的道路上，所以思想對於人衝動行為的控制力並不明顯。

對於成年人的衝動行為，我認為這是由於長期的生活或者工作壓力所導致的。人越成長，身上的社會屬性越突出，我們卻被社會所支配著，並不是自己支配自己。壓力好似彈簧，它具有一定的彈力空間，與彈簧不同的是不能用科學的數據進行標註。社會帶給個人的壓力程度，完全取決於個人的感知，而這種感知容易被個人所誇大或者縮小。

我們需要注意的是組織不正確的管理方式，也是滋生個人的衝動行為。對於成員的衝動行為，往往是成員訴求得不到合理的解決。作為管理者，無論成員的訴求是否得當，都應該傾聽成員的訴求。在對管理者技能的思考中，傾聽幾乎已經成為現代管理者必備的管理技能。成員的傾訴，本質上也是對身體內部負能量的釋放，組織需要為成員提供這樣的機會。只有這樣才能夠避免成員能量的即時釋放，從而減少由於衝動行為帶給組織和個人的破壞。

我認為衝動的本質是身體能量的釋放，在衝動發生的那一瞬間之前存在能量的存儲，我們的身體本身對這些能量具有存儲功能，只是這些能量並非只為衝動服務，也會為自我激勵等需要能量的地方服務。衝動是在一定外界誘因的影響下，這些能量得到了錯誤的釋放，產生了破壞性的結果。對於衝動，更重要的是身體的協調功能，而非管理的功能。情緒、時間、慾望產生的過程是需要一定時間的，在這段時間內我們能夠得到管理控制。衝動卻表現出了產生的隨意性，它的特質就是不計后果，客觀來講也正是它的不計后果反而比情緒來得真實可信。

衝動會伴隨著時間逐漸消逝，年少時有那麼一段衝動的經歷是幸福的。社會往往會給這些衝動的人貼上各種標籤如「這個人是個愣頭青」「有勇無謀」等。衝動能夠給人帶來的並非這些完全負面的東西，有衝動經歷的人到最后往往更理解人的衝動，思想上更具包容性，心胸更為寬廣，更容易取得成功。當然這種結果需要一個前提，那就是你是一個

善於反思自我的人。

自我管理對沖動的控製依然存在著必要性，因為衝動存在頻率和破壞性的差異。如果社會每個人都是衝動的，那麼這個社會的次序將變得混亂，社會不能理解人的衝動行為，往往是因為這些衝動行為可能擾亂社會秩序。如果我們的衝動行為不會給社會和組織帶來破壞性的影響，我相信沒有人會看輕容易衝動的人。

衝動控制的關鍵在於能量釋放途徑的轉變，切記不要在組織中去釋放這些負面因素，不要因為衝動去破壞組織。把能量積蓄到需要釋放的地方，這種能量可以帶來成長的動力。如果你不能夠這樣做，那就減少能量的儲存，適時釋放身體的能量，如長跑馬拉松，或者找到一片空地大聲叫喊等。當自己身體感到疲倦然后睡一覺，這樣不間斷的長期能量釋放的人不容易產生衝動行為。隨著歲月的流逝，人的思想逐漸成熟，成熟的思想對於衝動就具有強有力的控製作用。

控製的維度（五）：控製注意力

專注是成功者們共有的特質，因為專注才有深度。專注是人與人之間的分水嶺，一個人對事物產生好奇、產生興趣是比較容易的一件事，但是能夠沉下心長期去研究自己的愛好就變得困難。沒有專注，我們所做的事只是職業不是事業；沒有專注，我們發現不了別人沒有發現的東西，自然也就不存在創新，也就不會有差異化競爭的說法。

在互聯網衝擊的今天，關於競爭戰略的問題，我卻覺得專注變得更為重要。無論是組織競爭還是個人競爭，只要在產品和定位沒有問題的前提下，通過競爭方式的轉變獲取市場，即使獲得成功也是短暫的。老子有言「不爭，天下莫能與之爭。」阿里巴巴創始人馬雲在《贏在中國》節目中表示「心中無敵，方能無敵於天下。」在他看來這是企業領

導者胸懷的問題。我認為這並非領導者胸懷那麼簡單，無論做企業還是做人都會處在市場環境中，只要是市場環境就面臨著競爭。當我們把注意力放在競爭對手身上時，那麼我們只會永遠處在被動的地位。因為這時你制定的一切策略都是根據競爭對手的策略而制定的，這樣很難超越競爭對手。

在各個領域成功的企業和個人，關注自己的精力遠遠超過對外界的關注。他們專注於自己所看好的領域，並在該領域孤獨地前行著。從這個意義上看競爭，很多時候競爭的結果不是由競爭策略所決定的，而是由企業之間、個人之間的專注度所決定的。只有專注，才能夠提高組織和個人的洞察力，才能夠發現和彌補領域中的不足。

在海爾集團主席張瑞敏的《張瑞敏思考錄》中有這樣一句話：「沒有成功的企業，只有時代的企業。」凡是在任何領域有影響力的組織和個人，他們都需要在自己的領域中專注幾十年，當他們的付出與時代需要相吻合時，他們就能夠獲得市場和世人認可。

經濟學家羅納德·H.科斯曾在倫敦經濟學院瞭解到亞當·斯密的「看不見的手」，在一次旅行中他產生了這樣的疑問：「如果市場如此有效率，為什麼我們要經營企業？」當時作為一名年僅21歲尚未畢業的本科生通過思考研究，他撰寫了《企業的性質》（The Nature of the Firm）。該書后來得以出版（1937年）並成為經典著作，對理解企業和市場的營運方式作出了卓越貢獻。直到1991年科斯獲得諾貝爾經濟學獎時，他曾這樣說道：「在我80多歲的時候表揚我在20多歲時完成的工作，這真是一種前所未有的經歷。」[1]

科斯專注於經濟學研究，並對經濟學中產權問題的研究有著卓越貢

---

[1] 丹尼·A.雷恩. 管理思想史［M］. 5版. 健敏，黃小勇，李原，. 北京：中人民大 出版社，2009：411.

個人管理的邏輯

獻。無論是企業還是個人專注於自己的領域時，實際上也是等待市場的認可，或者成果能適用環境的出現。具有專注力的個人和組織都具有戰略思維，因為他們所做的在市場上應該叫做「藍海市場」，即市場前景非常好的市場。這也是人與人、組織與組織之間的區別所在，當你無知地進入紅海市場（競爭非常激烈的領域）時，其他人已經在備戰藍海市場，當藍海市場變為紅海市場時，他人已經在該領域取得寡頭地位。

專注實際上包括兩層含義：「專」指集中精力、專一，「註」指注意力。我們在很多情況下不夠專注是因為我們並不瞭解注意力。注意力是一種寶貴資源，是外界環境進入人的意識的大門。什麼能進入，在很大程度上決定了我們是什麼樣的人以及我們未來的發展，但是很少有人能夠認識到這一點。

什麼能夠進入我們的大腦呢？你的名字、特定稱謂、你所感興趣是人和事等這些能夠讓你敏感的東西。世間萬物，可供我們選擇的東西非常多，卻總是存在某一部分東西能夠引起我們的關注。心理學家曾做過一個名為「雙耳分聽」的實驗，心理學家讓受試者戴上耳機，耳機的左右兩邊播放著不同的內容（詞語），最后檢查受試者詞語的記憶。實驗的結果發現，受試者的兩耳都能聽到一些內容，但是某只耳朵會更占優勢。實驗證實我們的注意力存在選擇性。

什麼會影響我們的選擇性呢？首先，遺傳可能導致我們對某些事物具有天生的敏感度，但是這個原因雖然原始但不穩定。其次，家庭環境是影響我們注意力的關鍵因素，它對我們選擇對哪些事物保持注意力有著非常強烈的影響。我讀大學的時候，有一位教授全家都是做統計學研究的，其實這種現象的確存在。家庭環境往往對一個的興趣和注意力培養起著至關重要的作用，以前看過一個研究結論，一個人的一生是 6 歲之前決定的。其次，社會因素對我們選擇注意什麼也有一定的引導作用。比如社會學中的「羊群效應」也就是從眾心理。當我們融入社會

之后，社會的選擇和焦點，也成了我們所關注的。

注意力除了興趣能夠影響我們的選擇外，還有一個「不得不」的因素那就是有限的時間。我們不能夠在同一時間做幾件事情，控製注意力實際上是對時間的有效利用。

控製的維度（六）：控製目標

彼得・德魯克提出「目標管理」之后，中國在20世紀80年代引入目標管理理念。那時，目標管理可謂像潮流一樣湧向各個企業。但是在諸多企業中，很多企業認為管理的問題出現在目標的設置問題上，確實需要承認目標設定的難度。他們想著各種方式來解決目標設置問題，期待能夠設置出滿意的目標。但是事實上有部分企業的問題正是出現在這個地方，他們把注意力集中在了目標的設置問題上，一直在猶豫自己的目標。卻忽視了目標管理的一個關鍵問題那就是「目標控製」。

海爾集團董事局主席在《卓有成效的管理者》的推薦序中這樣歸納到：「海爾摘取了中國冰箱史上的第一枚金牌，這枚金牌要歸功於『日清』工作法，更要歸功於德魯克先生。」古語有言「今日事，今日畢」，海爾的「日清」工作法就是把這句話運用到了管理的實際工作中。海爾的「日清」工作法的主要內容：即「日事日畢，日清日高」，將每項工作的目標落實到每人、每天，形成「事事有人管，人人都管事」的氛圍，大到一臺設備，小到一塊玻璃，都有人負責。

海爾的「日清」工作法本質上是對目標的控製。企業把大的目標分解成小目標，只有這樣的具體化才能夠控製我們實現目標的進程。個人管理殊途同歸，在對目標的控製上沒有差異，「今日事，今日畢」在現實生活中依然成為那些高效能人士的座右銘，他們並將之付諸實踐。

個人管理的邏輯

日本馬拉松運動選手山田本一連續兩次奪得冠軍。當他面對記者追問其成功秘訣時，他每次都這樣回答：「靠智慧戰勝自己。」十年後，他在自傳中揭開了「智慧」的謎底。每次比賽前，他都要仔細觀察賽道，按照自己衝刺的距離將賽道劃分成若干段，並詳細地記錄下每一段起點和終點處的標誌物，它們可以是一棵大樹、一家銀行、一處加油站、一座獨具一格的建築。在正式比賽的過程中，山田本一總是以近乎百米衝刺的速度從上一段起點奔向下一段起點，從上一個標誌物奔向下一個標誌物，以此類推，直達終點。40多公里的馬拉松全程大目標，就這樣被山田本一劃成了若干個小目標而輕鬆實現。

山田本一在自傳中說：「起初，我並不懂得這樣的道理，只把自己的目標定在終點，結果跑到十幾公里的時候就已經累得疲憊不堪，精神已經完全被剩餘的那段遙遠的路程擊潰。」沒有目標是盲目的，有了宏偉的目標才充滿希望，然而將長期的目標科學合理地劃分為階段的目標，才是實現宏偉目標的智慧途徑。

我一直認同這樣的觀點：「成功的因素絕非唯一，失敗只需要一個原因就足夠。」我相信在馬拉松運動中想到和採用「目標分解」的運動員並非只有山田本一，在山田本一之前，有沒有運動員採用這種方法獲得冠軍，我們已然無法考證了。但是在他之後，運用該方法的運動員並非就一定取得了冠軍。人生如賽場，商場如戰場。我們經常能夠見到同樣的方法，大多數時候產生的結果卻是不同的。目標的分解本質上是對目標的控制，管理能力越高的管理者對於目標的分解愈發謹慎。目標分解對於整個目標管理的影響並沒有人們所想像的那麼大，它更多的是使整個流程變得輕鬆、可操作，組織能夠衡量成果，減輕管理者的心理壓力。

如果能夠建立合理的目標並順利的實施，對於個人而言他是幸運的。生活畢竟與商戰還是有區別的，人生也並不像企業那樣是可以完全

規劃的。或許你對這點存在質疑，因為我們現在看到許多大學已經開始開設職業生涯規劃的課程，但是實際上又有多少人按照他的所制定的規劃在做呢？也有許多人按照最初的規劃走了幾步，后來發現這不是他所想走的路。從戰略管理的意義看，個人的戰略管理是最不靠譜的，它得到完整實施的概率遠遠小於企業戰略的實施。船小好調頭，大多數人都是在調頭中浪費了時間和精力。

當一個人沒有目標的時候，有些時候目標分解、目標控制和目標管理都顯得無用。人的成長與企業的成長不同，人的一生有許多的選擇和改變的機會，而企業成長的過程中可以選擇和改變的機會也就那麼幾次。機會越多人越迷茫，越來越多的人發出「誰的青春不迷茫」這樣的感嘆。迷茫期往往也是一個人沒有目標的時候，所以這個時候也不需要目標管理。不同的人迷茫期的長度不同，或許有的人迷茫一生，可是生活還在繼續，沒意義並不影響它的存在性。這也是個人與企業最大的不同之處，人生沒有目標還能夠像行屍走肉一樣地活著，企業沒有目標就等於沒有了生命。

我們每個人選擇怎樣的生活方式是我們的自由，因為人生很多時候就像費羅倫斯・查德威克（第一個橫渡英吉利海峽的女性）在 1952 年從凱德林那島遊向加利福尼亞海灘時因為看不見目標而放棄一樣。在任何一個時代，人們面對不確定的未來，都有自己的選擇。

成為一個擁有健康的人

生活中的我們無論是心理還是生理，大多時候都處於亞健康狀態。我們遊走在健康與疾病的邊緣，特別是當我們年輕的時候，健康的問題

個人管理的邏輯

常不被我們所重視。個人是自我管理的機體，當這個機體出現問題時，任何的管理方法都是無效的。因此，我們需要更加重視我們的健康問題，特別是年輕人。

健康分為兩個方面：身體健康與心理健康。身體健康很好理解，我們沒有生理性的疾病。相對複雜的是心理健康，我們需要通過包括自我控製在內的管理方式來進行協調、釋放和平衡各個方面的因素，進而使自己的心理能夠處於健康的狀態。

關於身體健康，我們需要這麼做：

1. 養成正確的習慣

我們所產生的行為中80%都源於自身的習慣，當你發現某一習慣阻擋了我們身體健康的時候，我們可以採用「20天觀察法」（依據心理學研究結論，一個人形成習慣的週期在21天），當我們在這樣的一個週期內剖析自己的習慣後，更能夠有效地改善自己的不良習慣，這20天實際上也是改變調試的時間。

2. 運動

運動維護我們的身體機能，獲得持續的動力，運動讓我們更加健康，同時運動也有利於我們專注力的提高。運動有很多種方式，不同的運動方式可能會產生不同的效果，但對於整體的身體健康而言均是有益的。

3. 堅持

「持之以恒」是我們獲得持續健康的唯一方式。互聯網時代，我們稱這個時代是一個「產品時代」，但我們依然容易犯這樣的錯誤，用產品的思維去看待他人，對自己卻是縱容的。事實上我們自己就是一樣「產品」，我們需要在生活中不斷地公測、調試，然后不斷更新升級。產品思維是一種成長思維，我們需要不斷地堅持適時、正確的事，也只有這樣才能夠產生顯著的效果。

4. 適度

如果說堅持是對人生毅力的挑戰，那麼適度就是對人生智慧的挑戰。適度的關鍵在於控制度的把握，而對於不同的人所謂的「度」自然不同，這需要自我在生活中進行衡量。

5. 專業精神

互聯網將帶來我們對生活多角度的思考，我們理性地學習與之相關的知識。如營養學，之前很少有非專業的人士看相關的書籍，但是現在我們可能會主動學習一些各個領域的常識，當我們去學習這些常識的時候，我們需要具有專業精神，專業會使我們更具深度。

關於心理健康，我們需要這麼做：

1. 靜

喧囂的世界，城市中忙碌的人們，越來越少有人能夠靜下心。靜心的目的是深思，對於任何問題的思考，心靜是必然前提。夜晚，仰望星空微風吹過的意境最好不過了。生活中我們一定要思考，留給自己一個空間讓自己的心靜下來，這既是一種放松，也是一種產生新思路的途徑。

2. 積極

積極是一種生活態度，雖然積極也是一種反饋，但我們面對生活的態度是可以做到不受這種反饋的影響。在對待生活的態度上我們具有很大的主觀性和能動性，這要得益於我們自身的修煉。

3. 尋找傾聽者

正如上一節所提到的那樣，有效的控制在於釋放，當然這需要一個好的傾聽者。尋找到一個好的傾聽者對於個人而言是一件非常幸運的事，一位好的傾聽者需要具備兩點：善於傾聽、知識淵博或經歷豐富。

4. 自我治療

自我治療不僅是自我溝通，正如上一節所提到的那樣，有效的控制

個人管理的邏輯

在於合理的釋放。當我們無法尋找到滿意的傾聽者時，我們還是需要自己來調整自己的內心。當然，這也需要我們不斷地學習心理學和管理學，擁有心理學和管理學常識的人這樣做起來更簡單。

　　成為一個擁有健康的人是我們所迫切需要的，特別是年輕人。當我們年輕的時候不重視健康問題，老年的時候必將為其感到后悔。健康是一個談論很多的話題，但只有人真正感到疾病來臨時才感到恐懼，從現在開始年輕人就應該重視這個問題。

5

成為那個可能的自己

個人管理的邏輯

「激勵」是現代管理理論中運用最普遍的管理職能，它沒有領導、控製等職能「高、大、上」的特性。它離我們很近，我們大多數人都是「激勵」的受眾，這也使得我們在日常生活中更能貼近地感受管理。在各類組織環境中的我們，常常受到來自於外界的精神或者物質的獎勵。在現代管理理論體系中，管理學家們把「激勵」定義為：「激勵是針對人的行為動機而進行的工作。」事實上，這個定義雖然指出了激勵的主要對象和關鍵因素（人和行為動機），但是這個定義並不完善。

現代管理最明顯的特性也是最大的問題：重視方法論的研究程度已經遠遠超過了原理研究。我一直認為沒有深刻認識和理解管理原理所提出的方法論是短效甚至無用的。這是一個十分淺顯的道理，但是時代的快節奏往往使人忘卻一些基本的東西。

心理學家馬斯洛在很早以前就已經指出：「大多數研究生沒有時間進行研究、寫作甚至自選書籍閱讀，因為研究生教育已經逐漸變成研究他人已經做了什麼而不是研究本身。」這個現象直到今天依然是這樣，碩士研究生真正作出的原創性研究非常少，現在高校中最受研究生和導師歡迎的就是「實證研究」，實證研究中既能研究調查問卷，又能發現問題然後提出一些針對性建議，這樣的碩士論文看起來非常漂亮。本科生和專科生利用這樣的研究思路，只要專注也能夠寫出不錯的論文，但是這樣的論文在學科理論建設中很少能夠發揮作用，或者說並沒有影響社會的觀點。

在組織管理中我們如何有效地激勵員工？在個人管理中我們如何進

行有效的自我激勵？我們究竟該如何定義「激勵」？如何正確地認識激勵和運用激勵？這些都是本章的主要內容。

自我激勵的邏輯

當我們仔細解讀激勵時，會得出更多關於激勵的因素，從而來定義激勵。我們可以粗略地把管理分為兩大類：管人和理事。關於人的部分是非程序性的部分，對於事的部分我們可以進行程序性地管理。人是一個具有發展空間的動物，這個空間是變化的、不確定的，它可以是積極的也可以是消極的。這個空間是潛在的，人到底有多大的潛力？至今依然沒有人能夠明確回答這個問題，人看似可以控製，卻存在著許多不可控製的因素。現在人們正在努力將關於人的部分進行程序化，在有些方面已經取得了成效。由於人的發展空間不能完全確定和控製，所以這樣的嘗試只是擠壓的方式並不會取得實質性的突破。

其次，激勵要發生作用需要明確的目標。傳統的觀點認為動機是激勵最關鍵的因素，但我認為激勵有效的關鍵因素是目標。傳統觀點認為激勵是從需求到目標的過程，但是研究者往往是從目標向內推向需求，可以說研究者所作的研究只是為人的動力尋求理論解釋。

在企業管理中，「定目標」一定是先於「定需求」的。在組織中目標一旦確定后，目標的執行者需要接受激勵，從而達到高效完成目標的目的。但是在實現這個目標的過程中，由於參與者每個人的需求不同，所以這個時候需要管理，需要管理者干預並明確提出個性化的激勵方案。我們需要認識到組織目標的包容性非常強，在這個目標中能夠滿足不同個體的不同需求。

個人管理的邏輯

在自我管理中，自我激勵區別於組織激勵。自我激勵中「定需求」是先於「定目標」的，個人目標的設置本身是由個人需求發展為個人目標的過程。然而企業目標的設置是領導階層意志的轉移或者昇華，它具有廣泛性和概括性。組織激勵是一個由上至下的過程，它伴隨著目標的分化、目標承擔者的細化，開始挖掘目標承擔者的需求，達到激勵的效果。可以這樣說，組織激勵是一個倒序的過程，而自我激勵是一個順序的過程。

組織對於激勵的工作，很多情況下都是開創性的。特別是在互聯網時代，組織結構的調整，組織對於成員的激勵，乃至更多的工作都是對於成員需求的挖掘。甚至在有些時候，成員需要有人來進行需求挖掘和引導，讓成員獲得適度滿足，這是管理者的工作。

激勵需要競爭性的環境，我認為只有在競爭的環境中，激勵才會變得有可能。如果沒有競爭的環境，人很難產生強有力的動機。這個競爭環境區別於現代管理學中關於產生激勵的外因，它是產生激勵必不可少的條件。這個環境經過人有意識地處理后，它既可能是外界迫使競爭的壓力，也可能是自我內心對於某一方面的挑戰，當然這一切都是在人的「發展空間」進行的。自達爾文在《物種起源》中提出「物競天擇，適者生存」的觀點之後，人們已經廣泛地意識到競爭的存在，這個條件已經成為了很多研究的默認前提。事實上，競爭的環境是產生激勵的重要原因，它的重要性不低於動機對於激勵的影響。

在對激勵進行仔細分析之後，如何全面定義激勵呢？激勵是組織或個人對於具有可發展空間的人進行動機分析，以激發人的內在潛力為手段，達到最終目標的管理方式。自我激勵與激勵的最大不同點在於，激勵的主體和對象的差異。自我激勵是自我個體為了實現某種目標進行的活動，它在產生過程中與組織激勵最大的差異在於「定需求」先於「定目標」。

表 5-1　　　　　　　　「激勵」與「自我激勵」對比

	出發點	受眾	激勵的價值	起點	環境
組織激勵	組織意志（需求）	成員	存在空間	定目標	競爭性
自我激勵	個人意志（需求）	自我	存在空間	定需求	競爭性

「激勵」這個常被管理者所提及的詞語，它是一個時常被人所用到的職能，卻也是讓人最感到困惑的職能。在整個管理體系中與領導、決策、溝通、控制等職能相比，它到底扮演著怎樣的角色呢？在任何一本系統論述管理的圖書中，涉及激勵的篇幅並不多。當然如果說成功學等於激勵，那麼這類心靈雞湯類的書籍還是很多的。或許這樣說，你會認為激勵職能如同雞肋，食之無味，棄之可惜。當你在整個管理體系之上看管理的激勵職能，激勵就是助推器、催化器，除了助推的功能以外還有抗擊打的作用，總之它是為了順利實現管理目標而存在的，這樣看來它與溝通、控制職能的地位近乎相似。

美國哈佛大學心理學教授威廉‧詹姆斯曾做過一個實驗證明，一個人如果沒有收到激勵，僅能發揮其能力的20%～30%，如果受到正確而充分的激勵之後，就能夠發揮其能力的80%～90%。激勵在對於個人能力的最大限度發揮中有著非常重要的作用，因此如何使人能夠最大限度地發揮自己的能力也是激勵研究中最核心的內容。

激勵最基本的問題

管理是一門科學還是一門藝術？這個問題一直吸引著管理實踐者與研究者們的目光。在管理中有關「人與人性」的問題，用藝術一詞不能完全表達它的性質，而它更像哲學，哲學總是能夠幫助我們回答這個

個人管理的邏輯

世界最基本的問題。關於激勵我們無法用科學的工具來進行硬性衡量，雖然許多管理學者正在努力創造各種管理工具來對人進行機械化的激勵，但是研究成果所應用的領域和成效並不如他們想像中的那樣令人滿意。在管理中最能夠體現管理的科學性的是控製職能，數據和圖形對於控製職能的發揮有著顯著作用。激勵職能的發展更需要社會學科成果的應用。

激勵最基礎的問題並不是動機的問題也不是激勵方式的問題，而是世界觀的問題，這也是哲學中最基本的問題。為什麼這樣說呢？因為我們需要對這世界作出自己的判斷，而這樣的判斷更直接地反應了我們的內心。

世界到底是什麼樣的？在歷史長期的積澱中，先人告訴了我們兩個主流觀點，它們就是「唯物」和「唯心」。在長期的社會發展過程中，總是有那麼一部分人屬於唯心主義者，那麼一部分人屬於唯物主義者，直到今天，這個現象依然持續。在現實生活中，人們總會潛意識地在二者中選擇其一，這樣的選擇並無對錯之分，只是證實了人是社會化產物。馬克思在其《馬克思主義哲學》中，吸收了哲學家黑格爾所提出的辯證法理論精華，終結了人們關於唯物與唯心的辯論。該理論本著從唯物出發，承認意識的能動作用，確立了二者之間相互促進的關係。

在長期的激勵理論研究中，動機乃至需求是激勵職能最基礎的問題。我認為激勵職能的運用需要結合個人的世界觀、人生觀、價值觀，單純地為激勵尋找需求依據是不完善的。事實上，我們發現一個人的世界觀、人生觀、價值觀會影響一個人的需求，特別是優勢需求。當在同樣的需求、同樣的環境下，不同的兩個人所表現的優勢需求上的差異，往往是由他們三觀上的差異決定的。

世界觀、人生觀和價值觀與個人的需求不同，它們的形成需要時間和經歷的積澱，且它們在形成之後具有一定的穩定性。個人需求可以轉化成多種需求並存，人的需求繁多，只有在特定時間內（這個時間或許

很短暫）某一個強烈的需要，可以稱之為優勢需求。

最基礎的激勵是基於三觀所作出的，如果一個人認為世界是物質的、現實的，一切事物都可以通過價格和金錢來進行衡量，那麼這類人用「精神型激勵」是毫無用處的，且其在短期內不會作出任何改變。即使他們看著銀行卡中的數字不斷成倍增大，也仍然認為這個世界是物質，即使金錢對於他們已經是數字那麼簡單，他們依然會以「我這一身到底能掙多少錢?」為目標，不斷激勵自己向更大的數字邁進，數字的增長就是他們對於自我最直接的激勵方式。

如果一個人認為世界是精神型的，那麼在他們眼中物質和金錢並沒有現實中那麼美好，他們喜歡沉靜在自己的世界裡做自己喜歡的事，並且他們長期如此。即使在他們窮困潦倒的時候，給予他們一些金錢或一個肯定，后者對於他們更適合、更有效。管理存在一些基礎的東西，這些東西或許就是哲學中的某些部分，它具有廣泛的普遍適用性，如果管理要變得更加有效或者管理遇到瓶頸時，這些基礎性的研究就顯得十分必要。

《馬克思主義哲學》是建立在「世界是物質的，物質決定意識，意識對物質具有能動作用。」這樣的理念之上的，馬克思既回答了世界的性質，又承認了意識對於物質的能動作用，我們看到了哲學的精神包容，哲學能夠辯證地看待世界，用哲學的觀點去看世界，發展總是趨勢，而在這趨勢之後有個很重要的精神就是融合。在互聯網興起的今天，融合依然成為了互聯網精神之一。要發展，融合是必然的方式。關於管理中的激勵，已然如此。無論是自我還是專業的人力資源，都應該認識到人性的複雜。不論我們是如何看待自己身上的人性，我們都需要努力去廣泛認識人性，全面地發掘和認識自我才能夠真正實現有效的激勵。

當管理者和學者意識到激勵在管理中的作用時，對其展開了全面的研究並形成了各自的理論。直到今天，關於激勵理論主要分為三類：內

個人管理的邏輯

容型激勵理論（該類型理論重視人的需求和動機，其代表為馬斯洛需要層次理論、赫茲伯格雙因素理論、麥克利蘭成就激勵理論等）；過程型激勵理論（該類型理論著重強調從動機產生到產生行為的心理過程，其代表為費隆姆的期望理論、亞當斯的公平理論）；行為改造型激勵理論（該類型理論著重於眼前行為的結果，其代表主要有強化論、歸因論等）。我們對比這三種不同類型的理論，我們會發現這樣一條線索，如圖 5-1 所示。

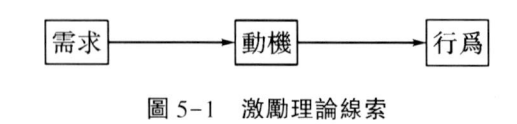

$$需求 \rightarrow 動機 \rightarrow 行為$$

圖 5-1　激勵理論線索

雖然這 3 個因素看似簡單，但是關於激勵的一切理論都是圍繞著這 3 個因素展開的。在管理學發展 100 多年的今天，我們看「激勵」已經不是那麼片面，而是在熟悉各個理論之後，開始去理解激勵的本質，開始尋找自己所需要的激勵方式，開始去探索激勵理論發展的未來。

需求分析

談到需要，我們需要認識「人本心理學之父」馬斯洛，雖然在前文中多次談到馬斯洛，但從未系統地介紹過這位對於心理學和管理學作出過重要貢獻的大家。馬斯洛（1908—1970 年），當代最偉大的心理學家之一，曾擔任美國心理學學會主席，人本心理學奠基人，他的一生提出過許多精彩理論，包括人本心理學科學觀理論、需要層次理論、自我實現理論、無動機理論、心理治療理論、高峰體驗理論等，其中他所提出的「需要層次理論」，奠定了他在心理學界的學術地位，至今沒有一種需要理論能夠取代它的位置。

馬斯洛在心理學研究過程中，把人的需要分為五個層次，即生理需要、安全需要、社交需要、尊重的需要、自我實現的需要，如圖5-2所示。其中他把自我實現以下的四個需要稱之為「匱乏性需要」，又稱為「低級需要」，把自我實現需要稱之為「成長性需要」，也稱為「高級需要」。同時，馬斯洛指出「匱乏性需求」的滿足很大程度上依賴於他人和環境，而「成長性需求」則能夠相當程度上獨立於他人和環境，「匱乏性需求」的滿足主要是可以避免疾病，而「成長性需求」的滿足是其可導致更積極的健康狀態[1]。

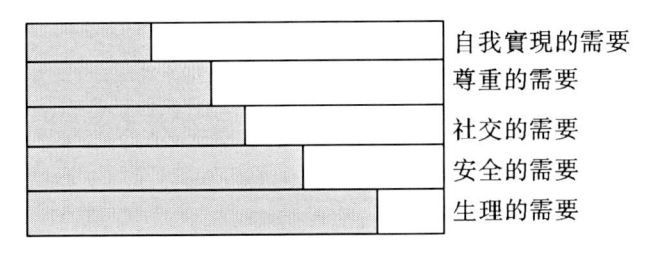

圖5-2 馬斯洛需要層次理論

關於需要層次理論，我們需要認識到人的需求並非僅僅局限於這五個方面，在馬斯洛晚年的時候，他提出了人的認知需求和審美需要，由於時間和精力有限，馬斯洛並未將二者劃入以上五種需求就離開了這個世界，后來中國心理學家許金聲教授認為人的認知需求和審美需求符合人的最根本的需要性質，將其劃入人的基本需要，並給予了相應補充。我們需要在乎的並不是認知需求和審美需求，而是需要認識到人的需求十分廣泛。

馬斯洛的需要層次理論被很多人所熟知，他首次對人的需求進行了詳細的劃分，並建立了它們之間的層次關係，該理論至今依然適用於社會的各個領域。當需要層次理論被深入地應用於激勵管理時，人們對於

---

[1] 伯拉罕·斯洛. 人格[M]. 3版. 金, . 北京: 中 人民大 出版社, 2007: 6-7.

個人管理的邏輯

需求層次關係的認定至今依然存在一個有爭議的觀點,即一直以來人們認為「人的需求是由低向高遞進的」,並且這樣的觀點在管理學術領域和實踐領域得到了廣泛傳播。

該問題爭議主要集中於第二需要出現的時機問題。有的學者認為當優勢需要獲得滿足之後,那麼第二需要需要成為優勢需要時才會出現。特別是許多管理學專著與教材都採用這樣的觀點。但是也有學者認為當優勢需要獲得部分滿足時,第二需要甚至第三需要開始顯現。由於馬斯洛並未對其進行論述,不少地方本身就不夠清晰。后人在傳播和表達該理論時,並未注意到或者直接忽略了這樣的爭議。

《動機與人格》一書的譯者,也是馬斯洛人本心理學的研究者許金聲教授更同意后者的說法,他認為:「如果優勢需要 A 僅滿足了 10%,那麼需要 B 可能杳無蹤影,然而當需要 A 得到 25% 的滿足時,需要 B 可能顯露出 5%,當需要 A 滿足了 75% 時,需要 B 也許顯露出 50%。」[1]我個人比較讚同許金聲教授關於需要層次的認識,雖然需求出現時間問題上存在爭議,但是滿足人的需求是由低向高遞進的,這點上學者們達成了共識。

當我們認清需求層次關係之後,我們需要做的是尋求對自我激勵有效的「優勢需要」,不滿是產生自我激勵最直接的動力。那麼我們對於什麼不滿?我們需要什麼?它們對於我們個人而言強度如何?這些問題是必須解決的問題,正常情況下我們最先尋求生理需要的滿足,然後逐漸上升為安全需要、社交需要、尊重需要、自我實現的需要。

在激勵與自我激勵的過程中,滿足的界定並未能夠實現數據化,而它們更多帶來的是心理上的滿足。在管理中「滿足」是一個與激勵密切相關的詞語,如同「滿意原則」與決策之間的關係。它們都是在各自的管理職能中,尋求那個合理的度。管理學本質上是一門研究資源有

---

[1] 伯拉罕・斯洛. 人格[M]. 3 版. 金 , . 北京:中 人民大 出版社, 2007: 37.

效配置的學科，我們擁有的資源是有限的，但我們的需求和慾望卻非常廣泛，所以最終有效的激勵也是一個相對的概念。激勵不可能使我們達到100%的滿足，許金聲教授認為：「一般公民大概滿足了85%的生理需要、70%的安全需要、50%的愛的需要、40%的自尊需要、10%的自我實現需要。」

由於我們成長的環境不同，個人的需求存在差異性。如在生存條件艱苦的環境下成長的人，渴望的是生理需要和安全需要的滿足，即使他們具有自我實現的想法，也不得不去面對生理需要和安全需要得不到滿足的境況。對於那些衣食無憂的人，他們所渴望的是得到社交需要、尊重需要和自我實現方面的需要，因為他們的生理需要和安全需要得到了滿足，這就是客觀存在的差異。所以，自我激勵關於需求最重要的一點，就是找到自己的優勢需要，並激勵自己為滿足自我的優勢需要而努力。

對自我需求的分析，只是自我激勵的前提。因為只有當我們的優勢需要轉化為動機時，我們才會產生激勵行為，而產生行為之前大多數都是心理活動。動機是心理學概念，動機實質上是指引起、維持並且指引某種行為，實現某種目標的心理過程。

我們需要認識到需求並不直接產生行為，當自我的需要達到一定強度的時候，也就是成為優勢需要之后，人才會產生動機。動機所產生的行為，是結合現實資源所作出的相應行為，它具有可操作的屬性。同時，我們日常生活中的任何行為都有著動機和需求的影子，當我們仔細分析我們的任何行為時，最終都能找到需求的依據。因此，「需求—動機—行為」模式不僅僅是我們對個人行為的管理和預見，也成了我們反思個人行為的主線。

個人管理的邏輯

個人期望的實踐

　　管理學者在研究中發現，人未被滿足的需要很多，在同一時間段內，我們每個人都同時存在多種需要。面對同一種需要以及滿足同一種需要的活動，為什麼在不同的組織成員中會產生不同的效果？美國心理學家 V. 弗魯姆（Victor Vroom）對以上問題進行了系統研究，他發現只有在人們認為存在實現預期目標的可能性，並且實現這種目標符合他們個人的需求的時候，他們受激勵的程度和動機水平才能夠實現最大化。弗魯姆在 1964 年出版的《工作與激勵》一書中首次提出了期望理論並進行了詳細闡述。

　　弗魯姆認為 M（激勵力）的大小等於 V（效價，即人們對某項活動所產生的成果的主觀評價）和 E（期望值，人們對於某項活動獲得成果可能性大小的主觀估計）的乘積。

　　用公式可以表示為：M(激勵力) = V(效價) × E(期望值) [1]

　　從這個公式，我們看出只有在 V（效價）和 E（期望值）達到最大值時，所獲得的 M 值（激勵力）才能夠實現最大化。該理論發現了在激勵過程中最重要的兩個影響因素，並且該理論完全是從組織成員的角度出發得出的結論，因此適用於自我激勵理論，這與公平理論截然不同。

　　在自我管理的過程中，作為自我管理的主體，我們要想獲得最大化的激勵力（也可以稱之為動力），就必須重視效價與期望值這兩個因素。這與組織管理不同，因為在組織管理中，我們作為組織中的成員，

---

[1] 周三多. 管理 [M]. 3 版. 北京：高等教育出版社，2010：253.

很多時候是管理行為的受眾，而並非管理行為的發起者。傳統中作為組織成員我們很少主動考慮這兩個因素，雖然他們與我們關係密切，但是如何提高激勵力的工作卻交給了組織中負有管理職能的管理者們。在自我管理時代，對於這兩個因素的衡量留給了我們自己。現實生活中我們需要主動去考慮我們即將做的事情，是否是為了解決我們的優勢需要。我們需要去考慮我們所做的事情成功率的大小，這些都已落到了我們的肩上。

由於我們每個人所處環境的差異性以及個人能力的不同，不同的人對同一事物所產生的效價和期望值是不同的，因此他們所產生的激勵效果也不同。追求自我激勵能力的最大化，實際上是對自我能力的挑戰，特別是對我們認知能力和理解能力的挑戰。我們越能夠客觀地評價我們所身處的環境因素，越能夠認識到我們自身能力和潛力空間的大小，才能夠最終實現有效的自我激勵。值得注意的是，這個過程幾乎是個人獨立完成的，不同於組織管理中有上級管理者的引導或者其他外力作用。

在過程型激勵理論中，亞當斯的公平理論並不適用於自我激勵的過程，這與期望理論不同。公平理論是美國心理學家亞當斯（J.S.Adams）在1995年首先提出的，也被稱為社會比較理論。該理論主要是強調自我與他人之間的社會比較，找出影響激勵效果的4個基本點[1]：

（1）自己對自己所獲報酬的感覺。
（2）自己對他人所獲報酬的感覺。
（3）自己對付出的感覺。
（4）自己對他人的付出的感覺。

我們可以看出該理論事實上強調了兩點：第一，強調自我的感覺。感覺本身就是主觀的，是我們看不見也摸不著的東西。第二，報酬問題。在經濟人時代，無可否認，報酬問題是影響組織成員激勵的關鍵因

---

[1] 周三多. 管理 [M]. 3版. 北京：高等教育出版社，2010：260.

素。但是在社會人觀點以後，人們在獲得物質滿足之後，對於報酬問題就顯得漠視，也無法形成有效的激勵。在自己管理時代，對於我們最大的改變是我們變得更加理解自己，我們認識到除了金錢之外，還有許多需求需要我們去滿足，我們拋棄了那種比較傳統的觀點，我們沒有必要主動去進行社會比較，因為真正地追求自我，追求的是自我的個性和獨特，從而使自己變得幸福快樂。

「公平」與「不公平」是在我們經過比較之後才會產生的感覺，當我們花精力進行比較的時候，事實上也分散了我們的精力。從管理追求效率的出發點看，當我們去主動進行比較的時候，已經離管理的初衷越來越遠。當公平理論提出之後，越來越多的人去進行社會比較，但是比較的之後的結果到底能夠產生多大的激勵呢？我認為比較是不會產生激勵效果的，大多數情況下比較之後我們獲得更多的是不滿。比較只是給了我們時間更多地思考我們的不滿和需求。比較能夠產生激勵嗎？答案是否定的。

在組織管理中公平理論對於組織成員的激勵是非常有限的。自我激勵需要摒棄公平理論，自我管理本身更多是關注我們自己的世界，如何使自己成為自己想成為的那個人，這才是自我激勵需要解決的核心問題。

目標激勵

我們充分認識到自身的需求而從需求轉化為動機的過程中並不是直接產生行為，而是先確立目標。目標在管理中是一個影響非常廣泛的詞彙，即使它常被人們所提及，但是人們對於它的作用的認識還是非常有限的。這裡需要值得注意的是：需求並不等於目標，目標的實現並不一

定滿足需求。目標的設立能夠產生自我激勵，這一點未被人們充分認識。

我們在傳統組織和現代互聯網組織的對比中發現了一個非常明顯的現象。在傳統組織裡，當組織目標確定后，管理者會談及許多關於這個目標本身之外的東西，比如重要性、關聯、影響等。在互聯網企業中這種現象是少見的，管理者更多的精力用於全面闡釋目標，讓成員更好地理解目標，他們所具有的是「產品思維」，他們認為做好產品或者產品取得突破比人為地描述願景更為直接、有效。在這兩種管理模式的對比中，我們會發現后者比前者更有效率，同時前者更強調刺激組織成員的低級需要，后者更強調組織成員的高級需要。因此，他們產生的激勵效果不一樣。

我們知道人的低級需要是很容易被滿足的，它所產生的激勵力也非常有限。自我管理者是一群尋求高級需要滿足的人，因此傳統的激勵方式不適用於他們。關於目標的相關理論有很多，如心理學家盧克的目標設定理論，管理學家彼得·德魯克的目標管理理論等，后者將其推上了管理史上的高峰。對於接觸過管理的人，目標管理理論（MBO）並不陌生，甚至已經在生活中和工作中得到了廣泛應用。但是，目標管理理論的運用並不深入，前面多處提到目標管理理論，如決策、控製等領域，但在激勵職能中它未被人們重視。

目標管理常被人們用於決定目標、分解目標、控製目標等方面。讓一件很繁冗的事件變得有序，是目標管理的任務。讓組織的使命落地，成為我們可以實際操作的步驟，是目標管理的任務。讓模糊變得清晰，是目標管理的任務。長期以來，目標管理讓人們覺得它是我們管理前期最有效的管理方式。在激勵職能中，由於其他激勵理論特別是需要層次理論長期占據霸主地位，所以目標的激勵功能未被放大到引起人們的重視。

當我們接觸目標的時候，它本身對於我們是具有激勵力的，只是人

個人管理的邏輯

們尚未認識到。不論是在組織環境中還是自我管理中,目標都對我們具有激勵力。迴歸目標定義,什麼是目標?目標是我們期望達到的境界或者層次的定義。

關於這點組織管理與個人管理存在差異,在組織管理中我們的目標可能是組織目標分解下的一個子目標,這個目標只是任務,這個任務所帶來的成果不一定符合我們的需求,因此它對我們的激勵模糊。比如企業中一位中層管理者期待獲得更高的職位,當組織的任務只能帶給他金錢時,這時目標基本上起不了任何激勵作用。組織目標的分解不是按需提供的,我們需要完成的目標不一定契合我們的優勢需要,只有當我們需要完成的目標能夠滿足我們的優勢需要時,目標才能夠產生較大的激勵。

自我管理中目標激勵與組織環境中的目標激勵不同,最關鍵的原因在於自我管理所產生的目標是按需產生,當我們最需要什麼,我們就會主動去確立我們應該完成的任務。因此,在自我管理中目標激勵是一種非常有效的自我激勵方式。

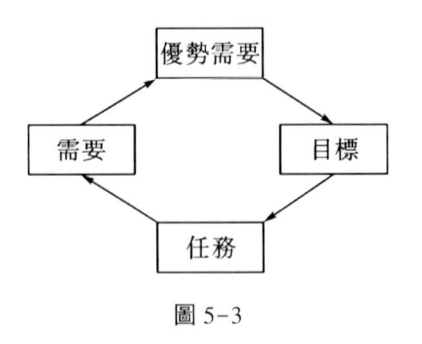

圖 5-3

在自我管理中需要才能被充分利用,而組織管理中需要層次理論更多的是對管理行為的事後解釋。如何看出他們之間的差異呢?自我管理中激勵是針對優勢需要的,所以激勵的效果可能是 A 需要滿足 80%。組織管理中的激勵由於不是特定的需求激勵,所以它產生的結果可能是 A 需要滿足 40%,B 需要滿足 20%,C 需要滿足 10% 這樣的情況。目標

激勵在自我管理中以最大化地滿足優勢需要為前提，追求最有效的激勵結果。

關於目標管理在自我激勵中的運用，我們需要注意以下幾個方面：①優勢需要的確立，優勢需要是確定短期目標的直接因素。②運用期望理論，客觀衡量目標實現的可能性和對成果的預計。③專注於目標實現的過程。一鼓作氣，再而衰，三而竭。雖然目標在自我激勵中能夠產生非常強烈的激勵力，但是存在不足，那就是它很容易受到外界因素的影響。因此，要保持目標激勵，自我控制非常重要。

切記：別輕易自我暗示

在管理的幾大職能中，有的職能屬於「點」性職能，有的職能屬於「線」性職能。如決策在管理前期就顯得非常重要，如溝通時遇到非常突出的矛盾時它就非常重要，這些職能都是在特定的某一階段非常「高調」，當問題解決之后它又沉靜下去，我把具有這樣特性的職能稱之為「點」性職能。對於那些一直低調地存在於管理過程中的職能，我稱之為「線」性職能，這些職能所起的作用主要是確保方向和提高效率。

如圖5-4，在事物的發展需要節點的時候，我們需要運用「點」性管理職能，在節點之外我們需要「線」性管理職能來維護和保持事物的發展方向。對於自我激勵而言，我認為屬於「線」性管理職能類，我們需要認識到激勵不是決策或者當時問題得到解決的那一瞬間所需要的，激勵職能貫穿兩個相鄰節點的全過程，激勵需要持續，才能夠發揮它的作用。現實生活中這一點卻容易被我們忽視，當我們去聽成功人士的演講時，我們常常熱血沸騰，那個時候我們覺得自己全身充滿了力

155

個人管理的邏輯

量,但是隨著演講的結束,這樣的力量也逐漸消失。這個時候,我們需要的是什麼呢?讓自我激勵變得可以持續是提高自我激勵力的關鍵因素。

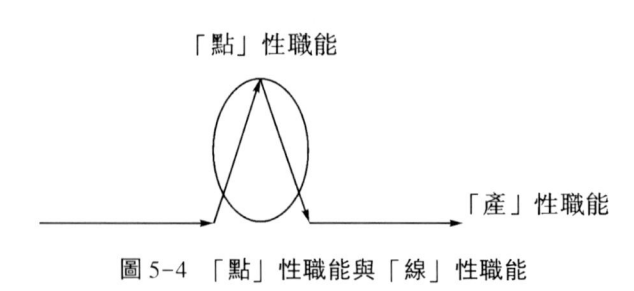

圖 5-4 「點」性職能與「線」性職能

如何使我們的自我激勵變得持續,答案就是「強化」。強化一詞是心理學名詞,我們也可以稱之為「自我暗示」。積極的自我暗示被稱為「正強化」,消極的自我暗示被稱為「負強化」。事實上強化理論是關於激勵理論中運用最廣泛的理論之一,特別是在成功學風靡全國的時候。所謂的成功學大師,首先將成功變得簡單,簡單到人人都可以成功,其次總結出成功的特質並將其進行拋售,最后一點也是最關鍵的一點就是強化。他們的理論邏輯是這樣的:只要我們瞭解和學習了成功的特質,並不斷強化這些特質,我們就一定能夠取得成功,如果沒有取得成功,那麼就是我們強化得不夠。

強化實質上是對自我思想的控製,控製到我們失去理性。因此,在那些培訓機構的背後,人們通常會用「洗腦」一詞來形容他們的目的。強化大多數是爭對我們的意識而進行的,這是與管理的控製職能不同的,因為在心理領域我們很難用數據和圖形來確定一定的東西。這種自我強化度的問題,更多的是一種感覺,我們無法進行任何的數據評估。

強化理論的本身沒有任何問題,但我們需要注意兩個問題:第一,我們的出發點。第二,關於強化「度」的問題。這兩點是比較容易理解的,前文中也提到了心理暗示的作用,它幾乎是一把雙刃劍,對於它的應用我們需要慎之又慎的態度,我們這種暗示是為了什麼?態度是否

積極？這是我們值得思考的問題，只有我們內心積極向上，自我暗示才對我們的自我激勵具有推動作用，反之則反。

其次，我們要杜絕一味地追求自我暗示強度的提高，認為「度」越強自我激勵所產生的能量越大，這樣的觀點是錯誤的。當我們的自我暗示達到一定程度時，即出現「變態」的時候，已經過分到影響自己乃至家人正常生活，這時需要重新審視自我暗示，重新思考自己，重新思考自己的能力，重新確立自己的目標。有效的管理都是可控的，我們失控的時候，就是我們需要停下的時候，任何瘋狂都是逝去前的節奏。

我們在生活中會自發地產生強化，嚴重者我們稱之為「強迫症」——一種心理焦慮的疾病。當我們將行為轉化為習慣，習慣超越了一定程度的時候，那就說明我們患了「強迫症」，無論這樣的行為是好還是壞，都已成了一種疾病。在生活中，我們每個人都存在一些強迫症的症狀，不論出發點為何，強化都是導致強迫症出現的根本原因。我並非認為強化理論對於自我激勵毫無用處，積極的自我暗示能夠產生非常強烈的自我激勵力，我們需要做的是積極地自我暗示，並確定將它控製在一定程度內，這樣既有助於自我激勵力的提升，又有助於我們能夠理性地更好地進行自我管理。

做你自己

現代社會競爭已經成為了常態，人們對於競爭有了更清晰的認識。競爭已然成為了社會前進的主要動力，競爭的主要目標是為了獲得我們所缺少的或者需要的東西。競爭理論從最初的「強取豪奪」的模式已經開始向「共贏」的模式發展，在自我管理時代，人們開始重新在它的身上獲得新的意義，競爭是自我管理者獲得自我激勵的途徑之一。

個人管理的邏輯

自我管理強調的是對自我的認知和管理，競爭在自我管理眼中是人與自然的博弈，而非同類之間的搏殺。在傳統管理時代，人們對於競爭更多的是通過一定的方法獲得相應的資源，這些方法或許是一種殘酷的方式或者以犧牲競爭者的利益為代價。自我管理產生的管理效益以和諧為基調，通過創新來實現人性的滿足。對自我管理者來講，他們擅長在社會中開創新的領域，主動去創造、去推動新的發展。對於傳統管理而言，很多時候我們是在一個成熟的市場，通過一定手段侵占原本屬於別人的東西，我們的競爭主要用於去分掉別人在這個市場中的一杯羹。從社會的發展意義上講，推崇自我管理更有利於社會的健康發展。

在管理史上，真正把「競爭」一詞推向管理高峰的應該是邁克爾・波特（Michael Porter），由於對於戰略管理的突出貢獻，他又被稱為「競爭戰略之父」。他曾這樣告誡組織管理管理者：「我們更需要框架，而不是模型。」作為管理者我們需要從事許多管理事務，那麼我們應該在怎樣的框架下從事這些事務？波特以企業為對象對其進行了深入研究，總結出了企業競爭的「五力」函數，並提出了三種「通用」戰略。「戰略」一詞，最先出現於軍事領域，在管理學初期被稱之為「企業政策」，只是對於一般性管理理論的補充，戰略的制定只是為了獲得一種競爭優勢。

在傳統的競爭觀念裡，「有限」是競爭產生的根本原因，競爭戰略的制定就是為了更好地獲取這些有限的資源，人們甚至一度認為競爭是推動社會向前發展的動力。以企業壟斷為例，企業壟斷之後是不存在競爭的，但是當我們仔細去研究那些基業長青的企業，你會發現它們有著共同的特點，那就創新和自我顛覆。如果按傳統競爭觀點，當企業在市場中獲得壟斷地位以後，應該是一種「飽暖思淫欲」的狀態，但是事實卻相反。

老子曾說：「夫唯不爭，故天下莫能與之爭。」這既是我們應該抱有的人生態度，也是當下我們應該持有的競爭戰略。當下社會，用一個

字形容就是「變」。曾有人問道：「天下唯一不變的是什麼呢？」答案就是變化。然而，現在社會的變化節奏之快，已經到了我們沒有精力去關注競爭對手的境界，因為當你去仔細研究競爭對手等於給了對手更多的時間做自己的事，當你把對方看明白的時候，別人已經不在你所看到的原點。我們從近年來，互聯網和移動互聯網企業的興起中很容易發現這一點，傳統企業獲得競爭優勢需要時間的積澱。而互聯網對於社會資源進行了重組，許多在傳統企業經過多年累積的資源，一夜被打破。當傳統企業關注於該領域的寡頭時，路邊常常有「黑馬」殺出。

關於自我管理，現在在大學有一門與之相關的課程，被稱之為大學生職業生涯規劃，它一般在學校都是選修課程。我認為該課程對我們最有用的莫過於讓我們更好地認識自己性格，這門課程也會涉及個人戰略等如何讓我們在競爭中脫穎而出的方法（如 SWOT 分析法等）。我在學校的時候接觸過這門課程，第一堂課后，我問老師這門課程為什麼不屬於工商管理類呢？因為當你學習過后你會發現這門課程中許多理論都是一般性管理理論和方法以個人為對象的應用。老師笑而不語，只是問我學什麼專業。

管理理論中有些理論屬於分析理論，有些理論屬於方法論。邁克爾·波特的五力模型屬於典型的分析理論，之后的三種通用戰略屬於方法論。關於對於企業戰略的分析理論，至今無人能夠超越波特。他關於競爭戰略的思想已經深入到社會中企業競爭和個人競爭的方方面面，他所提出的三種通用戰略：低成本、產品差異化和專一化，同樣具有其普遍性。

當下最流行的競爭理論，莫過於定位理論。有資料說：「定位理論擊敗了瑞夫斯的『USP 理論』、奧格威的『品牌形象理論』、科特勒的『營銷管理理論』、邁克爾·波特的『競爭價值鏈理論』。」我並不認為是擊敗，而是定位理論在分析各家學說之後，更加深入地認識到了競爭的本源，並非外部環境對於競爭的影響。相對於那些強調分析外部環境

的理論而言，定位理論更重視自己。在管理學派中並不存在誰戰勝誰的問題，而更多的是包容或者彌補。對於自我管理，我們如何進行自我定位？答案就是「做你自己」。

任何理論的興起都來源於時代背景，它們的產生都是時代的需要。自我管理中我們需要自我定位，而這種定位是基於我們能夠成為怎樣的人和我們期待能夠成為怎樣的人這兩點。在確定我們的定位之後，那麼就是「差異化」和「專一化」戰略的實施。差異化戰略的精神實質是創新，我們需要去開闢與自我定位相適應的道路。專一化戰略的精神實質是專注，專注是提高效率最有效的途徑。它們對我們能夠產生的激勵力是來自於三個方面：第一，清晰的定位，自己所期待實現的目標；第二，差異化競爭中遇到的挫折能夠產生一定的自我激勵力（對於不同的人它所產生的激勵力非常有限）；第三，實現自我理想的專注。

自我激勵力的產生

在今天，管理中仍有許多問題我們無法用確切的標準來進行衡量，這就是現實。管理學不僅是一門理論的學科，更是一門需要實踐去檢驗的學科。任何結論檢驗都需要時間，管理理論的運用需要在長期深入的實踐之後，才能夠得以被證實。相反「輕、快」的處理方式是非常不科學的。然而在這個急功近利、唯利是圖的時代，「輕快理論」受到追捧。我們現在看到的許多管理都是為解決特定的現實問題所存在的，這些理論的應用因為能夠解決組織和個人的當下問題而得到過於誇張地宣傳。當我們仔細去看那些跟隨「輕快理論」腳步的組織和個人，你會發現這些理論無法解決中國民營企業平均只有 3 年壽命的難題，這些理論無法解決個人在得到財富之後失去某些東西的遺憾。

當我們只把管理作為獲取某些資源的技術手段時，管理的結果往往以悲劇告終。最可悲的一點是人們在追求財富，盲目地去參與競爭時，已經忘卻一些基本的東西。當我們去認識管理時，「管理既是一門科學，也是一門藝術」。在現實面前科學的東西仿佛變得最有說服力，在漸行漸遠中人們已經忘卻了管理的藝術性，包括從事管理研究工作的人經常試圖把管理的藝術性轉變成科學，因為那樣更能迎合當下的市場。

相傳在科學家愛因斯坦普林斯頓大學的辦公室有這句話：「不是所有可以計算的東西都是重要的，也不是所有重要的東西都可以被計算。」在今天，我們更需要用心體會這句話的意義，特別是從事管理研究的工作者。

在之前的管理實踐中，管理的職能常常被分解使用，人們認為相應的職能解決特定的問題。造成這種現象出現的非常重要的原因是組織內部形成了各個職能部門，他們認為只有當職能分離實施時，管理才能夠發揮較大的效用，而忽視管理的本身是也是一門統籌的學問。在自我管理時代，由於管理的目標和對象的不同，管理的統籌功能凸顯出來，人們需要系統地學習管理的相關知識，並站在全面的高度去思考和解決有關個人的問題。

相比傳統管理中的激勵模式，自我管理時代的激勵模式已經發生了根本性的變化。我認為在傳統的組織管理過程中激勵是一種「樓梯式」結構模式，而在自我管理中激勵是一種「螺旋式」結構模式。以前，激勵具有鮮明的目標感，它的產生主要依賴於外力的牽引作用。自我激勵相對於傳統的激勵而言，不存在十分鮮明的目標感，甚至有些時候是模糊的，它是由內引發我們對外界環境進行改變的動力，因此在激勵力的持續性上講，它能夠在長時間內產生激勵效果。因為傳統的激勵就像爬樓梯，我們瞭解明確的目標，我們知道需要去幾層，同時我們還能夠借助外力的幫助，在這個過程中當我們感覺疲勞的時候還能夠休息，然而這樣的休息常常導致我們激勵力強度的減退。

個人管理的邏輯

「螺旋式」結構的自我激勵事實上一種循環結構，在這個過程中循序漸進猶如順水推舟，可以助推我們自我激勵力的增強。「螺旋式」結構的激勵是健康可持續的激勵模式，健康的激勵並非是為了100%的滿足，而是各種需求的滿足能夠實現平衡，從而實現個人需求真正意義上最大化的滿足。它所產生的最大值並不是傳統中「加減乘除」的結果，那樣得到的最大值僅僅是一個固定值。它更像在不規則曲線中去尋求那個變化的最大值，這個最大值是變化的，它可能大於起初的固定值也可能小於起初的固定值，對於沒有自我管理能力的人這就是存在的風險。在管理中前者更像爬樓梯一樣，一步步向上前行直到走到自己感覺「累」或者目標實現之后才停止前行。后者螺旋式結構的激勵模式，在激勵的過程中能夠獲得較為全面的滿足，這樣更容易形成一種持久的推力，並且整個過程中人的感受是輕鬆愉悅的。

在傳統管理中，我們是管理的受眾也是激勵的受眾，我們是被動的。在自我管理時代，激勵強調主動進行自我激勵。自我激勵力的產生需要規劃，並且是一個由遠及近的過程。我們每個人都是「產品經理」，產品思維是自我管理關於個人戰略制定的核心思想，在這樣的思維下我們所制定的個人戰略與傳統的個人戰略管理不同，我們在差異化的道路中尋求眾多需求的滿足。期望和目標在激勵力產生過程中的地位雖然被弱化，但是它們依然是對自我激勵力提高的輔助方法。

自我激勵不是以目標為導向的激勵，而是以自我實現需求的滿足為導向。心理學家馬斯洛曾這樣說過：「人類如果不重視他們最高的需要，就永遠不能理解自身。」馬斯洛的話表明自我理解與自我實現呈正相關，當我們不去尋找自我實現的需求時，就無法真正意義上理解自己。

馬斯洛被稱為「人本心理學之父」，他尊重人性，積極參與對人性的探索。在他的需要層次理論體系中，他把人的「自我實現的需要」稱為成長性需要，區別於人對於生理、安全等方面的需要。他認為人的生理需要、安全需要等需要只是人的基本需要，而這些基本需要是一種

「類本能」①。所謂的「類本能」（Instinct Oid），是他自己創造的一個詞彙，這種本能相似於人的本能，它的存在有很大的一部分來自於遺傳，但它的表現和滿足要取決於后天的文化和環境，並且它具有非常強的可塑性。

從哲學家蘇格拉底「認識你自己」。哲學家尼採「做你自己」，到管理學家彼得‧德魯克「自我管理」和史蒂芬‧科維「高效能人士的七個習慣」，無論是發展方向還是具體方法，他們一直在解決人到底應該成為怎樣的人的問題。馬斯洛在心理領域給出了自己的答案，那就是自我實現。這個需要不是一種類本能的需要，它解釋了人存在的意義。一個人存在的意義不限於生物學的存在，人能夠獲得更加深層次的激勵，而這種激勵是內發並可持續的。

只有當我們去深入思考自我的時候，自我實現的需要才會被我們挖掘出來。從而我們才能夠從它的身上獲得更多的激勵力，而這種激勵力是無限的，在尋求自我實現的過程中我們能夠獲得的不僅是物質的滿足，更多的是精神的滿足，它是我們產生幸福感的重要途徑。

自我管理者認識自我，尋找自我實現的需求，從它那裡獲得更廣泛的激勵力。傳統管理中的激勵是一個「由近及遠」的過程，按部就班地按照馬斯洛的需要層次理論實施，從低級的需要的滿足到高級需要的滿足，這種激勵模式到最后是人獲得基本需要的滿足后，開始尋找自我存在的意義時，開始陷入了迷茫和困境，而這個困境中的自己很容易產生極端行為或悲劇。

特別注意：這種困境是不同於傳統管理中所講的「平原效應」，平原效應實際上是在需要實現過程中間，由於我們能力或者環境所限，我們會在「平原」停留一段時間，當我們的能力或者環境改善后，我們仍然有成長的空間。在這樣的模式下，我們每個人並非是真正的自己，

---

① 伯拉罕‧斯洛. 人格 [M]. 3 版. 金 , . 北京: 中 人民大 出版社, 2007: 12.

我們更像一條魚，而外部的激勵只是釣魚的誘餌，我們常被那些喜歡權力和操控的人操控著，僅僅是為了現實的意義，當我們沉靜下來認識自己時，我們已經離最初的自己越來越遠。

自我管理中的激勵是一個由遠及近的過程，在我們出發前需要認真尋找自我實現的需求，在獲得答案之後，我們開始設計自己的成長路徑，在追求自我實現的過程中我們順帶著去實現人的基本需要。自我實現能夠使我們獲得持久有效的自我激勵力，在這個過程中永遠存在著不滿足，這種不滿足是推動我們不斷進行自我激勵的主要動力。在這樣模式下的自我激勵使我們能夠獲得非常全面的需求滿足，並且能夠使我們的需要之間產生平衡，使自我的內心變得和諧。

成為一個擁有夢想的人

原本這一節的標題為「成為一個擁有正能量的人」，我們可以通過個人激勵能夠獲得正能量。關於正能量的問題我思考了很久，我發現我們太重視從外界去尋找正能量了，而缺乏產生自身正能量的想法。我們總是相信奇跡，卻很少有人創造奇跡。我們總是相信夢想，卻很少有人實現夢想。

我記得作家羅曼‧羅蘭曾經說過：「從來沒有人讀書，只有人在書中讀自己，發現自己或檢查自己。」有時候我們急切想獲取的東西正是我們所稀缺的，我們十分羨慕那些在人生成長經歷中擁有正能量的人，我們也渴望自己能夠成為一個擁有正能量的人，但是這對於一般人而言又是那麼遙不可及。

我們渴望自己成為一個擁有正能量的人，但身體內總有一股「邪惡的力量」，阻擋著我們這樣做。激勵的本質是認識人的潛力並將其發揮

到最大，阻止「邪惡的力量」在自己身上發展。外界對人的激勵（刺激）是有限的且短暫的，即使在現代的人力資源管理領域，如何挖掘個人潛力、實現自我激勵依然是一個重要的研究課題。

如何獲取持續的激勵力？我們需要迴歸夢想，在眾多因素中唯有夢想可以使我們獲得持續的激勵力，這種激勵的持續主要來源於個人，而非外界。外界的激勵方式主要是兩種方式：第一種是短暫地通過外界的激勵獲得行動力，這種行動力是非常短暫的；第二種是通過一些方式來刺激自我的內心，獲取一種較持續的行動力。當然，無論怎樣，這些方式所達到的效果均無法超越自身的自我激勵，而這需要夢想。

無論是當下的各類選秀節目還是創業大賽，「你的夢想是什麼」通常是每個評委都會問到的問題。我們每個人都曾有過夢想，但是能夠為夢想堅持的人卻已十分稀缺。當我們過了20歲的時候，你還在堅持夢想，那麼你會被人嘲笑。當我們過了30歲的時候，你還在實現夢想的道路上，並且沒有任何成就，那麼你會受到更加嚴厲的打擊。我們每個人都有過夢想，但我們因為害怕被人嘲笑，害怕遭受挫折，而選擇放棄。也因此，在我們的內心也就特別羨慕那些在實現夢想道路上奮鬥的人們。

夢想的實現不同於常規的成功，這是一個經歷磨難的過程。我們常常看到別人如何成功，如何堅持夢想，但我們很難獲知這些成功人士背後所經歷的痛苦、折磨與絕望。成功沒有我們看到的那麼簡單，因為我們無法真正理解當事人的經歷。我們每個人都是一個非常巨大的能量體，與從外界獲得正能量相比較，我們為什麼不自己創造正能量呢？通過自身的經歷去影響別人，而不是被別人所影響。

做有夢想的人，即使你的執行力並不強。只要我們堅持自己的夢想，一直在奮鬥的路上，我們就有機會去實現它。或許在這個過程中，因為不同的人所具有的悟性和執行力不同，實現夢想的時間當然也不同。所以，千萬不要因為自己的執行力欠缺而選擇放棄。我們能否實現

個人管理的邏輯

夢想，很大程度上取決於方向是否正確，而與速度無關。

　　選擇實現夢想，那麼你就選擇了孤獨；選擇實現夢想，那麼你就選擇了絕望。心中常懷夢想的人，內心是孤獨的，當然如果真正有人能夠理解你，那麼你是幸運的，但大多數人都是孤獨的。沒有經歷過絕望的人，不要輕易談成功。或許你在成長的道路上獲得了一些成績，但這並不意味著你實現了夢想，成績並非能夠讓人靠近夢想，真正能夠讓我們成長的是絕望，絕望才是真正實現夢想的開始。

結束語

未來，屬於那些善於自我管理的人

我們現正處於一個社會變革的時代，這是一個「中國夢」的時代，我們且不去討論其政治意義，至少在互聯網與移動互聯網的浪潮下，傳統商業思維已經受到了強烈的衝擊。在這個時代，我們能夠成功逆襲，我們看到了機會與公平，甚至只要我們足夠努力還能夠為他人創造機會。

「顛覆」一詞成為了我們這個時代的關鍵詞，我很反感顛覆這個詞彙的意義，因為在我看來，時代的進步是進化而不是顛覆。瘋狂的顛覆常能使人變得瘋狂與迷失，人們在瘋狂的時候常常忘記事物本質的東西，這也是反對顛覆的根本原因。互聯網的確帶給了我們生活很多改變，這種改變不是技術也不是電子商務，而是一種互聯網思維。

談互聯網思維並不是為了追求時髦，而是我們真正地需要沉下心來去重新思考人生。互聯網真正改變的是使過去的那種「層級式」的連結結構演變為「網狀式」連結結構，在這裡每個人都成為了網絡中的一點，人得到了充分的尊重，人性得到了深度挖掘，社會環境變得開放，組織變得透明，人的需求有了更多滿足的空間。

特別是在中國 30 多年的改革開放之後，我們的經濟規模已經達到了一定程度，絕大多數人不會再為吃不飽、穿不暖等問題而感到擔憂，人們開始追求自我價值的實現。在這裡人充分獲得了自由，我們可以選擇成為那個想像中的自己，無論成功還是失敗已經變得沒有之前那麼迫切，我們開始思考和尋找人生的意義。

就是在這樣的一個時代，個人比組織更需要管理。自我管理的時代

個人管理的邏輯

已經到來,組織管理從追求績效到社會責任,而個人管理由追求人生意義到成功,我們這代人是在尋找自己喜歡的事情,讓興趣變為一種專長,讓自己的人生變得更具意義的時候順帶著成功。個人的力量將在這個時代變得凸顯,大多數人將在這個時代脫離大組織去尋找自己,相對於1992年的「下海潮」,現在的我們變得更理性,我們相信常識,我們相信科學。在2020年到2030年之間,中國將出現另一撥成功的企業家,他們將成為社會的中堅力量。正如清代詩人趙翼所說:「江山代有才人出,各領風騷數百年。」

事實上,在任何時代人的成功都離不開個人良好的自我管理能力,只是在這個時期人們更需要瞭解如何有效自我管理,自我管理除了使人們生活得更加幸福之外,還能夠帶給人們一些管理的常識。我們需要更多具有創新精神的人,我們需要更多能夠為社會創造價值的人,但在成為這些人之前請成為一個善於管理自我的人,這個時代永遠不缺少機會,卻缺少把握機會、走得更遠的人,善於自我管理將使我們走得更遠。

同時,我想提醒大家,閱讀任何關於個人管理的書籍,不會讓你擁有自我管理的能力,更重要的是喚醒大家主動去思考如何進行自我管理,並付諸行動。

在這次出版的過程中,筆者得到了楊豐瑞、敬歡、陳琳、傅妤、霍敏、成麗、劉璐、胡崢、張寧、劉婷、郭婷、楊會蓉、鄭武、孫瑗等朋友的支持與幫助,在此一併致謝!

最后,由於本人受學識和經歷的限制,書中難免出現不當之處,敬請讀者諒解。歡迎您對本書提出寶貴意見或建議,在此先行表示感謝!期待與您交流!

馮小平

國家圖書館出版品預行編目(CIP)資料

個人管理的邏輯 / 馮小平 著.-- 第一版.
-- 臺北市 ： 崧博出版 ： 財經錢線文化發行, 2018.10

　面 ；　公分

ISBN 978-957-735-568-3(平裝)

1.自我實現

177.2　　　　107017081

書　名：個人管理的邏輯
作　者：馮小平 著
發行人：黃振庭
出版者：崧博出版事業有限公司
發行者：財經錢線文化事業有限公司
E-mail：sonbookservice@gmail.com
粉絲頁　　　　　網　址：
地　址：台北市中正區延平南路六十一號五樓一室
8F.-815, No.61, Sec. 1, Chongqing S. Rd., Zhongzheng
Dist., Taipei City 100, Taiwan (R.O.C.)
電　話：(02)2370-3310 傳　真：(02) 2370-3210
總經銷：紅螞蟻圖書有限公司
地　址：台北市內湖區舊宗路二段 121 巷 19 號
電　話:02-2795-3656　傳真:02-2795-4100　網址：
印　刷 ：京峯彩色印刷有限公司（京峰數位）

　　本書版權為西南財經大學出版社所有授權崧博出版事業有限公司獨家發行電子書及繁體書繁體版。若有其他相關權利及授權需求請與本公司聯繫。

定價：350元

發行日期：2018 年 10 月第一版

◎ 本書以POD印製發行